ISABELLE CHOLLET
JEAN-MICHEL ROBERT

POINT
PAR
POINT

EXERCICES DE GRAMMAIRE FRANÇAISE

CAHIER AVANCÉ

D1321613

COLLECTION DIRIGÉE PAR A. MONNERIE-GOARIN

Didier

Suivi éditorial : Nelly Benoit
Couverture   : W associés

© Les Éditions Didier, Paris, 2000   ISBN 9782278045884   Imprimé en France

AVANT-PROPOS

La collection *Point par point* a pour objectif d'apporter un complément aux méthodes lorsque la dynamique du livre ne permet pas un travail suffisamment approfondi de certains points de langue. Elle ne suit pas la progression des manuels de français mais propose une articulation cohérente de certains points de langue autour d'un schéma considéré comme traditionnel. Nous n'avons pas tenté, en effet, de reconstruire une grammaire autour des actes de parole, perspective qui, de notre point de vue, relève surtout d'une méthode, mais qui risque de brouiller la vision des faits de langue. En effet, un même acte de parole fait appel à des structures variées, de même qu'une même structure peut servir à différents actes de parole.

Nous avons donc préféré partir des formes pour servir le sens, un apprenant pouvant retrouver dans chacune des rubriques proposées des éléments qui apparaissent à des moments différents de la progression choisie par la méthode elle-même.

Par ailleurs, cette collection veut faciliter le travail de l'apprenant, en regroupant dans un livre commun l'explication et l'exercice. Trop facile dira-t-on, puisque l'apprenant a sous les yeux le problème... et sa solution. Mais l'objectif est plutôt ici de faire intégrer et maitriser le phénomène en expérimentant un problème qu'on n'arrive pas immédiatement à résoudre. Une explication fournie d'emblée est rarement assimilée. Un problème dont la solution est à trouver dans un autre livre décourage.

Et, même si dans la présentation des phénomènes, l'explication précède l'exercice, la pratique de l'exercice doit ici faire comprendre le phénomène.

Faut-il le rappeler, c'est dans leur expérience de classe que les auteurs ont puisé ces exercices, qu'ils ont su par ailleurs alimenter et éclairer d'une connaissance très fine du fonctionnement de la langue. C'est leur expérience également qui a permis de répartir les difficultés en trois niveaux de manière à répondre le mieux possible aux besoins des apprenants débutants, de niveau moyen, ou avancé.

Annie MONNERIE-GOARIN

Tout au long des trois ouvrages de cette collection, nous avons pris le parti d'appliquer les rectifications de l'orthographe française (Journal officiel du 6 décembre 1990) dont nous proposons un résumé des principales formes en page 6.

Les auteurs

SOMMAIRE

LES RECTIFICATIONS DE L'ORTHOGRAPHE FRANÇAISE

Graphies enregistrées par l'Académie française ou par les principaux dictionnaires, souvent à titre de variantes. L'Académie française enregistre et recommande les Rectifications, publiées au Journal officiel du 6 décembre 1990, en spécifiant : "Aucune des deux graphies ne peut être tenue pour fautive" (Dictionnaire de l'Académie, 9ᵉ édition, 1993). Les 25 mots les plus fréquents suivis d'une centaine de mots courants

---

Les 25 mots les plus fréquents

Références : Nina Catach, *Les Listes orthographiques de base du français* (LOB), Nathan, 1984 (90,51% des fréquences sur 500 000 occurrences). Ces corrections (dont 20 circonflexes) sont pratiquement les seules à apparaitre dans les textes courants et suffisent à leur donner "l'orthographe nouvelle". Les homophones (dû, fût, mûr, sûr) ne sont pas touchés.

abime (abimer)
accroitre
aout
apparaitre (et tous verbes en -aitre)
après-midi, des après-midis (pluriels réguliers)
assoir (et rassoir, sursoir...)
boite (emboiter...)
bruler
céder, cèderai (et verbes du même type)
chaine (enchainer...)
charriot (comme charrette)
cout (couter...)

croute (encrouter...)
diner
évènement (abrègement...)
flute (flutiste)
frais, fraiche (fraicheur...)
gout (gouter, ragout...)
ile (et presqu'ile)
maitre, esse (maitrise...)
mure, n. et adj. féminins
plait (s'il vous plait)
sure (surement, sureté...)
trainer (entrainer...)
traitre (traitrise...)

---

abat-jour, des abat-jours
abréger, -égera, -ègement (série)
absout, absoute (et dissout, oute)
aigu, üe (cigüe...)
accéder, accède, accèdera
acuponcteur, trice
aéroclub
agenda, des agendas
alléger, -ègera, -ègement
allégro, des allégros
allo
ambigüité (contigüité...)
arcboutant (et arcbouter)
assèchement
barman, des barmans
bassecour, des bassecours
béqueter
bizut (comme bizuter, bizutage)
bouiboui, des bouibouis
boursoufler (comme souffler)
box, des box
buche (embuche...)
cachecache (à)
cahutte (comme hutte)
cannelloni, des cannellonis
casse-croute, des casse-croutes
chaussetrappe (comme trappe)
clochepied (à)
combatif, -ive, -ivité
confetti, des confettis
connaitre (et tous verbes en -aitre)
contrecœur (à)
corole (barcarole, guibole...)

coupecoupe, des coupecoupes
crèmerie
crincrin, des crincrins
croquemitaine
déciller (comme cil)
dentelière (et prunelier)
douçâtre
empiéter, -iètera, -iètement
encognure
entredeux (s'entraimer...)
espionite (réunionite...)
essuie-main, des essuie-mains
et cetera
exéma (comme examen)
extrafort (extrafin...)
fayoter (marmoter...)
golden, des goldens
grigri, des grigris
imbécilité (comme imbécile)
interpeler, -pèle, pèlera
joailler, ère (quincailler, ère...)
levreau (lapereau)
lunetier, etière
média, des médias
mémento, des mémentos
mémorandum, des mémorandums
millefeuille, des millefeuilles
millepatte, des millepattes
minimum, des minimums
naitre (renaitre...)
nénufar (mot arabe-persan)
ognon (ign archaïsme pour gn)
ouvre-boite, des ouvre-boites

pagaille
persiffler (comme siffler)
piquenique (piqueniquer...)
plateforme
presse-citron, des presse-citrons
pullover, des pullovers
ravioli, des raviolis
référendum, des référendums
règlement (règlementer...)
relai (-relayer, balai, délai...)
renouveler, -èle, -èlement
révolver
saccarine (et dérivés)
sagefemme, des sagefemmes
sandwich, des sandwichs
sécher, sèche, sècheresse
serpillère
solo, des solos
sottie (comme sottise)
soul, soule (soulerie...)
superman, des supermans
taille-crayon, des taille-crayons
tamtam, des tamtams
teeshirt, des teeshirts
terreplein, des terrepleins
tirebouchon (tirebouchonner...)
tournedos
traitre (traitrise...)
vadémécum, des vadémécums
ventail (comme vent)
voute (envouter...)
weekend

ASSOCIATION AIROE : association pour l'information et la recherche sur les orthographes et systèmes d'écriture
4 passage Imberdis - 94700 Maisons-Alfort - tèl : 01 49 60 41 64

LES
· · · ·
TEMPS

Le passé simple
et le passé composé

Ce matin, Pauline **est arrivée** à 8 h et **s'est mise** au travail.

Ils se **marièrent, furent** heureux et **eurent beaucoup d'enfants.**

• **Le passé simple : formation**

Il existe quatre types de terminaisons :

ai - as - a - âmes -âtes - èrent	pour les verbes en -er à l'infinitif
is - is - it - îmes - îtes - irent	pour les verbes en -ir (sauf tenir, venir, courir, mourir), la plupart des verbes en -re (dire, prendre, suivre,...), et pour voir, prévoir, assoir
us - us - ut - ûmes - ûtes - urent	pour les verbes en -oir, courir et mourir, et quelques verbes en -re (boire, conclure, connaitre, croire, lire, paraitre, recevoir, valoir, vivre, etc.)
ins - ins - int - înmes - întes - inrent	pour tenir, venir et leurs dérivés (soutenir, parvenir,...)

• **Passé simple de quelques verbes irréguliers :**

être : je fus, tu fus, il fut, nous fûmes, vous fûtes, ils furent

avoir : j'eus, tu eus, il eut, nous eûmes, vous eûtes, ils eurent.

acquérir	: j'acquis, nous acquîmes	pouvoir	: je pus, nous pûmes
devoir	: je dus, nous dûmes	prendre	: je pris, nous prîmes
écrire	: j'écrivis, nous écrivîmes	savoir	: je sus, nous sûmes
faire	: je fis, nous fîmes	vaincre	: je vainquis, nous vainquîmes
mettre	: je mis, nous mîmes	taire	: je tus, nous tûmes
naître	: je naquis, nous naquîmes	vivre	: je vécus, nous vécûmes
plaire	: je plus, nous plûmes	voir	: je vis, nous vîmes

• **Passé simple ou passé composé ? Emploi**

Le passé composé et le passé simple ne s'opposent pas comme le passé composé et l'imparfait, par exemple. Ils ont souvent les mêmes valeurs (fait accompli, succession d'actions, etc.) mais ne sont pas interchangeables :

À l'oral		
emploi	passé composé	passé simple
Conversation	J'ai pris un taxi.	non sauf pour donner un effet comique
Média (radio, télévision)	Le PSG a battu l'OM.	plus rare
Récits historiques, contes	Le Code civil a été mis en place par Napoléon.	Le Code civil fut mis en place par Napoléon.

À l'écrit		
emploi	passé composé	passé simple
Correspondance privée	J'ai bien reçu ta lettre.	rare, désuet
Correspondance commerciale	Les colis ont été expédiés.	non
Presse écrite (journaux, magazines)	Le cyclone a fait de nombreuses victimes.	Il fut condamné à trois ans de prison ferme.
Littérature	Dès qu'il a fait jour, nous sommes partis.	Dès qu'il fit jour, nous partîmes.
Récits historiques, contes	assez rare	Cendrillon perdit sa chaussure.

• **Différences d'emploi entre le passé simple et le passé composé**

Avec le passé simple :

– Le propos est coupé du moment présent.

– Le locuteur s'efface par rapport à son propos.

– Les actions successives dans le récit historique, le conte pour enfants ou le récit sportif ont un effet plus dynamique qu'avec le passé composé :

> Le loup entra, se jeta sur la grand-mère et la dévora.

Il est préférable d'éviter le passé composé pour évoquer des faits très lointains et d'utiliser le passé simple :

> Joséphine naquit à la Martinique en 1763.

Avec le passé composé :

– L'action peut avoir une continuité avec le moment présent :

> J'**ai couru**. Maintenant je suis fatigué.

Le passé simple est impossible dans ce cas.

– On peut insister sur l'antériorité de l'action :

> Il a mal à la jambe qu'il **s'est cassée**.

– L'action indiquée au passé composé peut avoir une valeur de présent :

> Ça y est, j'**ai fini**, je peux rentrer chez moi.

– L'action peut signifier un futur :

> J'**ai terminé** dans une minute.

Le passé simple est encore impossible dans ces cas.

• **Relation avec l'imparfait**

L'imparfait dans un récit permet d'évoquer le cadre, le décor, les circonstances dans lesquelles l'action se déroule.

Comme le passé composé, **le passé simple** peut s'insérer dans le récit et évoque un événement qui est survenu.

Remarque : Il est possible de rencontrer le passé composé et le passé simple dans un même récit ou une même phrase : le passé composé exprime alors une action plus liée au présent.

Il la laissa partir sans la retenir. Le souvenir de cette femme ne l'a jamais quitté.

● ●

Exercice 1

Écrivez les verbes entre parenthèses au passé simple :

◆ Exemple : Ils (voir) **virent**, à l'horizon, un voilier qui s'avançait vers eux.

1. Il (falloir) .... se rendre à l'évidence : la bataille était perdue.

2. Le jour baissait. Le commissaire Maigret (relever) .... son col, (sortir) .... sa pipe de sa poche, (l'allumer) .... et (devoir) .... rebrousser chemin.

3. Molière (naître) .... en 1622 et (mourir) .... alors qu'il jouait « Le Malade Imaginaire » en 1673.

4. Après de longs mois de travail acharné, nous (faire) .... une escapade en Sardaigne.

5. Ce (être) .... un plaisir de converser avec vous.

6. À peine (être) .... -ils arrivés que la presse (s'emparer) .... d'eux.

7. Nous ne (pouvoir) .... nous résoudre à lui avouer la vérité.

Exercice 2

Écrivez les verbes entre parenthèses au passé simple ou à l'imparfait selon le sens :

L'énigme de l'homme au masque de fer.

Un mystérieux prisonnier d'état (**1.** être interné) .... de 1679 à 1698 à Pignerol puis au Château d'If, dans l'ile Sainte-Marguerite (ile de la Méditerranée). Il (**2.** être) .... contraint de porter un masque qui lui (**3.** cacher) .... le visage. On le (**4.** transférer) .... ensuite à la Bastille où il (**5.** mourir) .... en 1703. D'après la légende, on aurait ainsi caché un frère adultérin de Louis XIV.

Exercice 3

Même exercice :

Il (**1.** être) .... près de minuit. Il (**2.** falloir) .... que je me dépêche pour ne pas rater le dernier métro. Je (**3.** se mettre) .... donc à courir jusqu'à la station Odéon. Il y (**4.** avoir) .... beaucoup de monde sur le quai et le haut parleur (**5.** annoncer) .... qu'en raison d'un incident technique, le trafic (**6.** aller) .... être perturbé. Enfin, le métro (**7.** arriver) .... et tout le monde (**8.** entrer) .... dans la bousculade générale. Par chance, un siège (**9.** se libérer) .... et je (**10.** pouvoir) .... m'assoir. À la station suivante, deux couples d'Américains (**11.** entrer) .... dans la rame. Ils (**12.** avoir) .... l'air décontracté et heureux d'être à Paris. Tout à coup, alors que les portes (**13.** se refermer) ...., un des Américains (**14.** se mettre) .... à hurler quelque chose en anglais et un paquet de papiers et de billets (**15.** voler) .... en l'air et (**16.** se retrouver) .... à mes pieds. Le pickpocket (**17.** être) .... pris. L'Américain le (**18.** tenir) .... fermement par le bras mais le voleur avait réussi à sortir sur le quai. Il (**19.** être) .... coincé avec son bras dans le wagon. Dans la bagarre, je (**20.** ramasser) .... papiers et billets qui avaient atterri devant moi. Un complice du pickpocket (**21.** arriver) .... et l'(**22.** aider) .... à se dégager. L'Américain (**23.** lacher) .... prise, les portes (**24.** se refermer) .... et le métro (**25.** repartir) .... Je me (**26.** diriger) .... vers la victime et lui (**27.** rendre) .... ses affaires. Il (**28.** être) .... tellement choqué qu'il les (**29.** prendre) .... pratiquement sans me regarder. Mais il (**30.** reprendre) .... ses esprits et (**31.** réaliser) .... que l'autre n'avait pas eu le temps d'emporter son butin. Il me (**32.** remercier) ....

Exercice 4

Même exercice :

Il (**1.** être) .... une fois une petite fille que l'on (**2.** appeler) .... le Petit Chaperon Rouge. Un jour, sa mère lui (**3.** demander) .... d'aller voir sa grand-mère qui (**4.** être) .... malade pour lui porter des galettes et un petit pot de beurre. En passant par le bois, elle (**5.** rencontrer) .... le loup qui lui (**6.** demander) .... où elle (**7.** aller) .... Il lui (**8.** proposer) .... de prendre un chemin pendant que lui prendrait l'autre pour aller chez la grand-mère. Le loup (**9.** courir) .... par le chemin le plus court pendant que le Petit Chaperon Rouge (**10.** prendre) .... le chemin le plus long. Le loup (**11.** arriver) .... le premier alors qu'elle (**12.** gambader) .... toujours en s'arrêtant ici et là pour cueillir des noisettes ou des fleurs.

Exercice 5 :

Même exercice :

« Je (**1.** commencer) .... par une excursion en Italie. Le soleil me (**2.** faire) .... du bien. Pendant six mois, j'(**3.** errer) .... de Gênes à Venise, de Venise à Florence, de Florence à Rome, de Rome à Naples. Puis je (**4.** parcourir) .... la Sicile, terre admirable par sa nature et ses monuments, reliques laissées par les Grecs et les Normands.

Je (**5.** passer) .... en Afrique, je (**6.** traverser) .... pacifiquement ce grand désert jaune et calme où errent des chameaux, des gazelles et des Arabes vagabonds, où, dans l'air léger et transparent, ne flotte aucune hantise, pas plus la nuit que le jour. [...]

Puis je (**7.** revenir) .... à Paris. Au bout d'un mois, je (**8.** s'y ennuyer) .... C'était à l'automne, et je (**9.** vouloir) .... faire, avant l'hiver, une excursion à travers la Normandie que je (**10.** ne pas connaitre) ....»

Guy de Maupassant

Exercice 6

Écrivez les verbes entre parenthèses au passé composé ou au passé simple en choisissant le temps le plus approprié :

◆ Exemple : Il s'agenouilla et (prier) **pria**.

1. Dans deux minutes, je (partir) .... !

2. Tu as vu ? Je (se faire couper) .... les cheveux ! Ça te plaît ?

3. Les rires, s'autorisant de ce sourire, ne (se retenir) .... plus. (A. Gide)

4. Allo Stella ? Dis-moi, je (ne pas oublier) .... mon parapluie chez toi ?

5. La guerre des tranchées (être) .... effroyable ; de nombreux soldats périrent.

Exercice 7

Les phrases suivantes sont au passé composé. Mettez-les au passé simple quand cela est possible :

◆ Exemples : Surpris par l'orage, nous nous sommes abrités sous un porche.

Surpris par l'orage, nous **nous abritâmes** sous un porche.

Ça y est, on peut partir, j'**ai fini** mes devoirs ! ⇨ passé simple impossible.

1. Les Monégasques nous ont offert une superbe deuxième mi-temps. Il leur manquait pourtant un joueur.

⇨ ....

2. Tu as vu les chaussures que j'ai achetées ce matin ?

⇨ ....

3. Rends-moi mon stylo s'il te plaît, je n'ai pas encore fini ma lettre.

⇨ ....

4. Denis a été surpris par l'orage et a dû se réfugier dans une ferme.

⇨ ....

5. Pouvez-vous répéter s'il vous plaît ? Je n'ai pas compris.

   ⇨ ....

6. Il n'est jamais allé en Autriche, mais il ira certainement l'an prochain.

   ⇨ ....

7. J'ai pris mes affaires et suis parti tout de suite.

   ⇨ ....

8. Si vous avez acheté une voiture neuve, c'est que vous n'êtes pas aussi fauché que vous le dites.

   ⇨ ....

9. Un violent orage de grêle s'est abattu hier soir sur la région de Cognac et a détruit de nombreuses vignes.

   ⇨ ....

10. Il est sorti et a marché d'un pas rapide en se retournant pour s'assurer qu'il n'était pas suivi.

    ⇨ ....

11. Jusqu'à aujourd'hui, nous n'avons toujours pas reçu de nouvelles de Cynthia.

    ⇨ ....

12. Il est resté longtemps à la fenêtre à contempler la pluie qui tombait.

    ⇨ ....

13. On voyait qu'elle avait pleuré. En passant devant le miroir, elle s'est regardée et a arrangé ses cheveux.

    ⇨ ....

14. Les informations que l'on nous a données hier ne sont déjà plus valables.

    ⇨ ....

15. Ils ont décidé de travailler tout l'après-midi.

    ⇨ ....

● ● ● ● ● ● ● ● ● ● ● ● ●

L'accord du participe passé
Cas particuliers

*Les artistes que nous avons **regardés** peindre. Il a fait plus de fautes qu'il a **cru**.*
*Monique s'est **fait** opérer par le Docteur Roy.*

fait, laissé + infinitif	• **fait** suivi d'un infinitif est toujours invariable :
	  *La maison qu'il a **fait** construire. (Mais : les progrès qu'elle a **faits**.)*
	• **laissé** suivi d'un infinitif :
	– est invariable si le COD ne fait pas l'action de l'infinitif :
	  *Les réunions que j'ai **laissé** diriger par mon collaborateur.*
	– s'accorde avec le COD si celui-ci fait l'action de l'infinitif :
	  *Les gens qu'il a **laissés** entrer (les gens entrent).*

entendu, écouté, vu, regardé, senti (verbes de perception) + infinitif	accord avec le COD si celui-ci est le sujet de l'infinif :
	  *La fille que j'ai **vue** passer ressemble à Sarah.*
	  mais : *La maison que nous avons **vu** construire est à vendre.*

participe passé des verbes pronominaux + infinitif	accord avec le sujet qui est aussi celui de l'infinitif :
	  *Elle s'est **sentie** défaillir*
	  mais : *Elle s'est **fait** bousculer par la foule.*

cru, dit, dû/espéré, pensé, pu, su , voulu et autres verbes de même sens	invariables si un infinitif est sous-entendu : *Il a corrigé toutes les fautes qu'il a **pu** (sous-entendu : corriger)* S'il n'y a pas d'infinitif sous-entendu, il y a accord avec le COD placé devant : *Il m'a donné les vêtements que j'ai **voulus**.*

couru, couté, dormi, marché, pesé, régné, valu, vécu	accord avec le COD placé devant :
	  *Les tomates qu'il a **pesées** sont bien rouges.*
	invariables avec un complément circonstanciel :
	  *Les douze heures qu'il a **dormi** lui ont permis de récupérer.*

fallu, plu, et autres verbes impersonnels	invariables : *Quelle force il a **fallu** pour soulever ce frigo !*

eu	accord :
	  *La chance que j'ai **eue** jusqu'à maintenant vient de me quitter.*
	invariable dans le cas **eu + à/de + infinitif** (l'infinitif est COD) :
	  *Les personnes que j'ai **eu** à avertir.*

participes passés précédés de **en**	invariables
	  *Des robes, j'en ai **essayé** des dizaines.*
	accord avec le COD quand **en** lui-même n'est pas COD :
	  ***Les commentaires** qu'il en a **faits** sont mauvais.*

participes passés + **à** ou **de** + infinitif	accord avec le COD si celui-ci fait l'action de l'infinitif :
	  ***Les personnes** que nous avons **invitées** à participer.*
	  mais : *Les fleurs qu'on a **interdit** de toucher.*

Exercice 1

Accordez les participes passés quand cela est nécessaire :

◆ Exemple : Il nous a laissé**s** prendre la parole.

1. J'ai passé une heure à ramasser toutes les pièces du puzzle que Chloé avait laissé...... trainer dans toute la maison.

2. C'est pour que Madame Renoir passe les fêtes en famille que le docteur l'a laissé...... sortir plus tôt de l'hôpital.

3. La fenêtre que j'ai fait...... changer ne laisse plus passer le froid.

4. Les lois que le nouveau gouvernement a fait...... voter ont été critiquées par nos voisins européens.

5. Les propositions que l'on nous a fait...... correspondent à nos exigences.

6. Il l'a laissé...... s'occuper des valises et elle a oublié la moitié des affaires.

7. C'est la robe que je me suis fait...... faire par ma tante couturière.

8. Elle s'est laissé...... prendre au piège.

9. Les photos étaient floues ; je les ai fait...... retirer.

10. Mes biscuits sont carbonisés. Je les ai laissé...... cuire trop longtemps.

Exercice 2

Même exercice :

◆ Exemple : J'aimerais me souvenir de ces airs que j'avais **entendu** jouer par un musicien du métro.

1. Jean-Michel ne connait pas les musiciens que sa fille a écouté...... jouer pendant une heure à la télévision.

2. La femme que j'ai vu...... se faire agresser dans la rue a été immédiatement secourue par un passant.

3. Il a réussi à maitriser la colère que nous avions senti...... monter chez lui.

4. Le professeur interroge aujourd'hui ceux et celles qu'il n'a encore jamais entendu...... parler.

5. Les passagers du train de nuit se sont fait...... dévaliser par une bande de malfaiteurs.

6. Les désaccords qu'ils avaient senti...... naitre dans le syndicat se sont concrétisé...... .

7. – Tu as vu les avions de la Patrouille française ?

   – Je les ai entendu...... passer mais je ne les ai pas vu...... .

8. Je n'ai pas aprécié les injures que j'ai entendu...... Sophie murmurer.

Exercice 3

Même exercice :

◆ Exemple : La femme que nous avons (convier) **conviée** à dîner est journaliste.

1. Nous avons exigé d'elle les excuses qu'elle avait (oublier) .... de faire.

2. Nos parents n'étaient jamais partis en vacances. Cette année, nous sommes (parvenir) .... à les persuader de partir une semaine en Corse.

3. Les collégiens que le directeur a (autoriser) .... à sortir sont ceux qui avaient une permission écrite de leurs parents.

4. La récompense qu'il avait (mériter) .... de recevoir, a finalement été remise à un autre.

5. Jean-Marc a été puni pour les délits qu'il est (soupçonner) .... d'avoir commis.

6. Voici les films que nous avons (penser) .... enregistrer pour vous.

7. Je déplore que Max n'ait pas fait les efforts qu'il nous avait pourtant (jurer) .... de faire pour avoir de meilleures notes.

8. L'entraineur croit beaucoup en ses athlètes qu'il a (préparer) .... à courir ce 400 mètres pendant des mois.

9. La déduction que nous en avons (faire) ...., c'est que ce n'est pas une entreprise sérieuse.

10. Des solutions, nous en avons (proposer) .... des dizaines et aucune n'a été (retenir) ....

Exercice 4

Mettez les verbes entre parenthèses au passé composé en faisant les accords nécessaires :

◆ Exemple : Elle a eu le temps de regarder toutes les émissions qu'elle (vouloir) **a voulu**.

1. Les cinq kilomètres qu'elles (marcher) .... les (épuiser) ....

2. Que de risques elle (courir) .... en venant seule ici !

3. Il a excusé son retard par une série d'excuses que nous (ne pas croire) ....

4. Elles ont pu raconter toutes les histoires qu'elles (vouloir) ....

5. Les seules questions auxquelles je (savoir) .... répondre sont celles que tu (me faire) .... réviser.

6. – Tu t'es fait avoir !
   – Tu parles des cinq cents francs que (me couter) .... cette lampe ancienne ? Pour moi, c'est une bonne affaire au contraire !

7. Je trouve injustes les critiques que nous (valoir) .... cet article sur le dernier film de Chabrol.

8. Justin devra rembourser les cent mille francs que ses études aux États-Unis lui (couter) ....

9. Les dix années qu'il (vivre) .... à Madrid ont été des années heureuses.

10. Ils regrettent les années d'insouciance qu'ils (vivre) .... pendant leur jeunesse.

Exercice 5

Faites les accords nécessaires :

◆ Exemple : la tempête qu'il y a **eu** hier a arraché des toits et cassé des arbres.

1. Les démêlés qu'a eu...... le maire avec la justice vont sérieusement compromettre sa carrière.

2. Les marchandises que nous avons eu...... à réexpédier étaient endommagées.

3. Nous avons convoqué de nombreux candidats. Nous en avons retenu...... trois pour un second entretien.

4. Je ne suis pas d'accord avec les conclusions que vous en avez tiré...... .

5. Que de patience il a fallu...... pour lui apprendre à tenir debout sur ses skis !

6. J'ai fait tous les efforts que j'ai pu...... .

7. Les dictées que nous avons eu...... à corriger étaient pleines de fautes.

8. La chaleur qu'il a fait...... hier nous a fatigué...... .

9. Ce sont des critiques que nous n'avons pas encore eu...... .

10. Les problèmes qu'il a fallu...... résoudre nous ont couté...... beaucoup d'argent.

Exercice 6

Même exercice :

1. Nous nous sommes fait...... servir notre petit déjeuner au lit.

2. Voici les tables que l'on nous a permis...... d'emporter.

3. – Tu as pris des tomates ?

   – Oui, j'en ai acheté...... une livre.

4. – Comment s'est passée la conférence de Madame Dumas ?

   – Les commentaires qu'elle en a eu...... sont plutôt bons.

5. Les 25 kilomètres que nous avons marché...... dimanche dans la forêt de Saint-Germain-en-Laye m'ont été très bénéfiques.

6. Il n'a pas dit les choses qu'il aurait fallu...... .

7. La chanteuse s'est fait...... siffler dès qu'elle est entrée sur scène.

8. Les dossiers que j'ai fait...... taper par la nouvelle assistante sont à refaire.

9. Brigitte a été engagée. C'est moi qui l'avais incité...... à postuler pour ce travail.

10. Les choses qu'il nous a dit...... nous ont choqué...... .

● ● ● ● ● ● ● ● ● ● ● ●

Le passé antérieur

En un instant, il **eut visité** le musée.

Dès qu'elle **fut revenue**, nous partîmes.

Il n'**eut** pas plus tôt **accepté** de démissionner qu'il le regretta.

• **Formation**

Auxiliaire être ou avoir		
	+	participe passé
passé simple		

Exemples :

	Avec l'auxiliaire **être** :			Avec l'auxiliaire **avoir** :	
Je	fus	entré	J'	eus	compris
Tu	fus	parti	Tu	eus	parlé
Il	fut	arrivé	Il	eut	pu
Nous	fûmes	allés	Nous	eûmes	fini
Vous	fûtes	sortis	Vous	eûtes	ouvert
Ils	furent	rentrés	Ils	eurent	été

• **Emplois**

Le passé antérieur est un temps littéraire.

1. Avec un passé simple, il désigne une action antérieure à l'action exprimée au passé simple après les expressions : **après que, aussitôt que, dès que, quand, une fois que,** etc :

Quand il **eut pris** le médicament, il **se sentit** mieux.

On le trouve dans les phrases introduites par : **À peine** (inversion verbe /sujet) ... **que** ..., et **ne pas plus tôt ... que ... :**

À peine fut-il entré qu'il ôta ses chaussures.

(Dès qu'il est entré, il a ôté ses chaussures)

Il **n'eut pas plus tôt démarré que** son vieux tacot tomba en panne.

(Dès qu'il a démarré, sa voiture est tombée en panne)

2. Seul dans la phrase, il désigne une action terminée. Il peut donc parfois remplacer le passé simple en mettant en valeur l'idée de rapidité :

Ils **eurent rapidement compris** la cause de son malaise.

Ce type de phrase est donc toujours accompagné d'un adverbe de même sens : **vite, bientôt, aussitôt,** etc.

Remarque : Dans le récit, le passé simple et le passé antérieur peuvent être accompagnés de l'imparfait :

Dès qu'il eut posé ses affaires, il entra dans la salle à manger. Tous étaient déjà à table.

Exercice 1

Mettez au passé antérieur les infinitifs entre parenthèses (attention à l'inversion du sujet) :

◆ Exemple : Dès que j'(quitter) **eus quitté** Boris, je fis demi-tour pour le rattraper.

1. Aussitôt qu'il (trouver) .... une boîte d'allumettes au fond de sa poche, il alluma son cigare.

2. Quand ils (atteindre) .... le bout du parc, ils s'arrêtèrent et échangèrent quelques mots.

3. À peine les Pasquier (quitter) .... les lieux, que les nouveaux locataires arrivèrent.

4. Le soleil (ne ... pas plus tôt percer) .... au travers des nuages que les terrasses se remplirent.

5. À peine la grille (s'ouvrir) ...., que les enfants se précipitèrent en criant et en chantant. L'école était finie.

6. Dès qu'il (prononcer) .... ces mots, il les regretta aussitôt, mais il était trop tard.

7. Il arriva devant le palais de justice, les portes étaient fermées. Il (vite réaliser) .... qu'il était trop tard.

8. Quand il (se faire couper) .... les cheveux, il se regarda dans un miroir et crut y voir son père.

9. Aussitôt qu'il (mettre) .... le point final à son roman, Michel déboucha la bouteille de Dom Pérignon qu'il gardait pour ce jour.

10. Après qu'il (se lever) ...., il demanda qu'on lui apporte les journaux et un café noir.

Exercice 2

Mettez au passé simple, au passé antérieur ou à l'imparfait, selon le sens, les infinitifs entre parenthèses (attention à l'inversion du sujet) :

◆ Exemple : Quand je (fouiller) j'**eus fouillé** toute la maison, je (devoir) **dus** me rendre à l'évidence : il n'y (avoir) **avait** personne.

1. Lorsque nous (arriver) .... au Vésinet, la maison (être) .... fermée. Nous (devoir) .... alors rebrousser chemin.

2. À peine Jacques et moi (partir) ...., que les merles (arriver) .... par dizaines pour manger les cerises du jardin.

3. Elle (ne ... pas plus tôt - monter) .... sur son cheval, que celui-ci (se mettre) .... à courir dans tous les sens. Il (être) .... visiblement mécontent qu'on le dérange pendant sa sieste.

4. Lorsque Magalie (atteindre) .... la majorité, elle (faire) .... sa valise et (prévenir) .... ses parents qu'elle (vouloir) .... maintenant vivre sa vie.

5. À peine Jean-Pierre (arriver) .... dans sa maison de vacances, qu'un impératif l'(obliger) .... à retourner au bureau.

6. Dès que les élèves (comprendre) .... le subjonctif, le professeur leur (faire) faire .... un test.

7. Une fois que le verrou (être réparé) ...., nous (pouvoir) .... quitter la maison sans crainte.

8. Dès que Malraux (achever) .... sa dernière œuvre, il (dire) .... que c'(être) .... fini, qu'il n'(avoir) .... plus rien à dire.

9. À peine le Prince (poser) .... ses lèvres sur la coupe, qu'il (s'effondre) ....

10. Quand l'inconnu (boire) .... son verre de Porto, il (rassembler) .... ses affaires, (regarder) .... autour de lui et (s'éclipser) ....

11. Après que l'été (passer) ...., nous (se rencontrer) .... régulièrement jusqu'à l'hiver. Puis, peu à peu, nous (se perdre) .... de vue.

12. Quand Michelle (boire) .... deux coupes de champagne, son appréhension (disparaitre).

13. Quand le Président (prononcer) .... son discours, la population l'(acclamer) ....

• • • • • • • • • • • •

Les valeurs stylistiques de l'imparfait

Une minute après, il **était** là.

Un bateau à l'horizon ! Il **était** sauvé !

Le 20 juillet 1969, Armstrong **posait** le pied sur la lune.

Parmi les temps du passé, l'imparfait indique une action non achevée. Il exprime la durée d'une action (dont le début et la fin ne sont pas précisés).

Rappels

Valeurs courantes de l'imparfait

• L'imparfait intervient pour :

– décrire le cadre, les circonstances des actions

    Tout le monde était là. Il **pleuvait.**

– fournir des explications

    Il est parti, il **était** malade.

– indiquer une action en cours

    Quand je suis arrivé, il **déjeunait.**

– une habitude dans le passé

    Le lundi, il **faisait** du yoga.

– une hypothèse

    Si j'**avais** le temps, j'écrirais mes mémoires.

– des paroles rapportées (style indirect)

    Il m'a dit qu'il **pensait** à moi.

• L'imparfait peut indiquer aussi bien un passé ancien :

    Les hommes préhistoriques **étaient** des guerriers.

qu'un passé très récent :

    J'ai vu Jean tout à l'heure, il **était** tout joyeux.

Valeurs particulières et stylistiques de l'imparfait

I. Dans la langue courante :

1. Il est employé pour exprimer deux actions presque instantanées :

    Je suis entrée, le serveur m'**apportait** une coupe de champagne.

L'imparfait met en valeur la rapidité du serveur à venir servir. Le passé composé est possible :

    Je suis entrée, le serveur m'a apporté une coupe de champagne.

mais l'effet de rapidité est atténué.

2. À la place du présent, dans la conversation, l'imparfait traduit une volonté de politessse en atténuant l'action présente :

    Je **voulais** vous dire que je ne pourrai pas assister à votre petite fête.

3. Précédé de « si », il introduit :

– une proposition, une suggestion :

    Si on **allait** au cinéma ce soir ?

– une demande polie :

    Si vous **pouviez** finir ce travail avant ce soir... (sous-entendu : J'aimerais que vous finissiez ce travail avant ce soir...)

4. Il peut indiquer une action qui n'a pas eu lieu mais qui aurait pu se produire comme dans les phrases introduites par « si » au conditionnel passé, mais l'imparfait met en valeur la certitude des actions :

> Je **téléphonais** 5 minutes plus tôt, j'avais le poste ! (= Si j'avais téléphoné 5 minutes plus tôt, j'aurais eu le poste.)

II. Dans le récit historique, journalistique ou littéraire :

1. Il remplace parfois le passé simple, ou le passé composé, pour mettre l'action en valeur :

> En 1492, Christophe Colomb **découvrait** l'Amérique.

2. Il est employé pour commenter un fait (avec le passé simple) :

> Elle ouvrit la fenêtre ; le froid **glaçait** toute la pièce ; elle prit une cigarette et l'alluma.

3. Il est employé pour exprimer la conséquence d'une série d'actions :

> Il rentra chez lui, prit une aspirine, s'installa confortablement dans son fauteuil. Il **allait** mieux.

4. Des imparfaits peuvent se succéder et avoir des valeurs différentes :

> Il **entrait** dans le tribunal. La salle **était** comble et les visages tournés vers lui **montraient** tous de la compassion.

Le premier verbe « entrait » pourrait être au passé composé ou au passé simple (il est entré ou il entra) mais l'action serait considérée comme accomplie. L'imparfait « entrait » indique une action d'une durée non limitée. Les deux autres, « était » et « montraient », indiquent les circonstances de l'action.

5. Il permet d'exprimer le style indirect libre :

> Il donna les raisons de son départ. Il **était** tout simplement fatigué et **avait** besoin de changer d'air quelque temps.

La phrase au style indirect libre : « Il était tout simplement ... temps. » s'insère dans le texte sans être introduite par un verbe comme dans le style indirect :

> **Il expliqua qu'il était** tout simplement fatigué **et qu'il avait** besoin de changer d'air quelque temps.

Mais le temps, ici l'imparfait, est maintenu.

Exercice 1

Complétez le texte suivant en mettant les verbes aux temps convenables (il faut choisir entre l'imparfait, le passé composé, le plus-que-parfait et même le présent) :

◆ Exemple : Hier, je (rencontrer) **j'ai rencontré** Marc. Il (être) **était** avec sa femme que je (ne jamais voir) n'**avais jamais vue** auparavant.

Jeanne raconte :

Il me (**1.** arriver) .... une drôle d'histoire hier. Comme d'habitude, je (**2.** partir) .... de bonne heure avec ma voiture ; je (**3.** rouler) .... sur la petite route qui (**4.** longer)

.... la mer. Il (**5.** faire) un temps ....
magnifique, le ciel (**6.** être) .... si bleu que je (**7.** s'arrêter)
.... pour marcher sur la plage quelques instants. Je
(**8.** avoir) .... du temps devant moi car je (**9.** partir)
.... très tôt le matin. Je (**10.** s'asseoir) ....
et je (**11.** commencer) .... à rêver, si bien que je (**12.** ne
pas voir) .... le temps passer et quand je (**13.** regarder)
.... ma montre, il ne me (**14.** rester) ....
que deux minutes pour rejoindre le bureau.

Soudain, je (**15.** se rappeler) .... que justement ce matin-là je (**16.** avoir)
.... un rendez-vous avec mon directeur. Je (**17.** paniquer)
...., je (**18.** sauter) .... dans ma voiture
et je (**19.** repartir) .... à toute vitesse.

Au carrefour de la zone industrielle, je (**20.** voir) .... une voiture
grise qui (**21.** arriver) .... sur ma gauche. Je (**22.** estimer)
.... que je (**23.** avoir) .... le temps
de passer, alors je (**24.** accélérer) .... mais à ce moment, ma voiture
(**25.** se mettre) .... à faire des secousses pour s'arrêter finalement
au beau milieu du carrefour. La voiture grise (**26.** ne pas pouvoir) ....
s'arrêter et me (**27.** heurter) .... de plein fouet. Je (**28.** avoir)
.... la peur de ma vie !

Heureusement, il n'y (**29.** avoir) .... aucun blessé mais je (**30.** avoir)
.... un second choc lorsque le chauffeur de la voiture grise (**31.** descendre)
.... et (**32.** venir) .... vers moi :
c'(**33.** être) .... mon directeur !

Exercice 2

Dans cet extrait du livre Le suspect *de Georges Simenon, remettez les verbes aux temps convenables
(il faut choisir entre l'imparfait, le passé simple et le plus-que-parfait) :*

Le Baron (**1.** avoir) .... chaud car on (**2.** ne pas penser)
.... à lui faire retirer son lourd pardessus. Il y (**3.** avoir)
.... deux heures qu'il (**4.** être) .... assis
sur la même chaise, en face d'un commissaire, et dix ou quinze personnes, tour à tour, dont le chef de la Sureté,
(**5.** venir) .... le regarder sous le nez, essayer sans conviction de le faire
parler.

– Tu sais ce que tu risques ?

Il le (**6.** savoir) .... et c'est pourquoi il (**7.** être)
.... aussi mal à l'aise que possible. Mais on (**8.** se tromper)

.... si on (**9.** croire) .... qu'il (**10.** aller) .... manger le morceau. Il (**11.** souffrir) .... Il (**12.** avoir) .... chaud. Il (**13.** avoir) .... peur. Il aurait donné gros pour un grand verre de bière et pour un sandwich. Il (**14.** être) .... malade d'énervement, mais il (**15.** continuer) .... à hocher la tête en prononçant :

– Je ne dirai rien !

À un certain moment, le commissaire (**16.** se retirer) .... et (**17.** avoir) .... une assez longue conversation avec Bruxelles, d'un bureau voisin. Il (**18.** être) .... dix heures et Marie Chave (**19.** commencer) .... à se déshabiller quand on (**20.** sonner) .... C'(**21.** être) .... si inusité qu'on aurait pu croire que ces deux coups de sonnette (**22.** réveiller) .... toute la rue engourdie. Et, comme elle (**23.** rester) .... un moment immobile, on (**24.** sonner) .... à nouveau, si bien qu'elle (**25.** remettre) .... sa robe, (**26.** ouvrir) .... la fenêtre, (**27.** se pencher) .... , ne (**28.** voir) .... que du noir dans le noir.

– Qu'est-ce que c'est ?

– C'est moi...

Elle (**29.** reconnaitre) .... la voix du commissaire Meulemans et elle (**30.** annoncer) .... , résignée :

– Je descends !

Exercice 3

Remplacez les parties soulignées du dialogue par des tournures à l'imparfait quand cela est possible et sans changer le sens global de la phrase :

◆ Exemple : Si j'<u>avais doublé</u> une minute plus tôt, j'<u>aurais évité</u> l'accident.

⇨ Je **doublais** une minute plus tôt, j'**évitais** l'accident.

1. Nous avons lancé un S.OS. <u>et aussitôt les secours sont arrivés de toutes parts.</u>

   ⇨ ....

2. Les enfants sont entrés dans la classe <u>et se sont assis.</u>

   ⇨ ....

3. <u>Je vous propose d'aller</u> à la Bastille ce soir.

   ⇨ ....

4. <u>Si tu étais arrivé à l'heure convenue, on n'aurait pas raté le début du film.</u>

   ⇨ ....

5. Si les marchandises n'arrivent pas dans les délais, je ne les accepterai pas.

   ⇨ ....

6. Je voudrais vous dire que je n'apprécie pas le ton sur lequel vous me parlez.

   ⇨ ....

7. Le 5 août 1962, Marylin Monroe fut retrouvée morte chez elle.

   ⇨ ....

8. Nous sommes descendus du train, trois porteurs ont accouru pour nous aider.

   ⇨ ....

9. Le suspect est entré dans un bar, il a pris un whisky qu'il a bu d'un trait, a payé et est reparti.

   ⇨ ....

10. J'aimerais qu'on arrête de se disputer.

    ⇨ ....

Exercice 4

Indiquez les valeurs des imparfaits soulignés des phrases suivantes :

1 actions instantanées	2 politesse, atténuation	3 proposition, suggestion	4 action qui aurait pu se produire mais qui n'a pas eu lieu
5 Mise en valeur de l'action	6 Commentaire d'une action	7 Conséquence d'actions	8 Style indirect libre

◆ Exemple : Il téléphona pour s'excuser : il **était** malade. (**8**)

1. À son arrivée, Masako ne parlait pas un mot de français. Huit jours plus tard, elle était déjà capable de faire quelques phrases. (........)

2. Ce soir-là, comme tous les soirs, le Père Léon nous raconta une histoire passionnante. Il faut dire qu'il faisait presque partie de la famille. (........)

3. Cette année-là, nous avons décidé de passer nos vacances en Bretagne, dans la maison de mes parents. Nous sommes arrivés sous une pluie battante. C'était en mars, c'était un temps de saison. (........, ...)

4. Tous les enfants ont hurlé à la vue de la sorcière. C'était une mauvaise idée de la faire jouer dans un spectacle pour de si jeunes enfants. (........)

5. Il y a dix ans, à cette époque, je rencontrais Jules. (........)

6. J'avais l'intention de vous demander de nous accompagner. (........)

7. Après deux ans de chômage, il retrouva un travail, s'installa dans un bel appartement et trouva de nouveaux amis. Il se sentait revivre. (........)

8. Tu ne me le rappelais pas, j'oubliais mon rendez-vous chez le dentiste. (........)

9. Je lui ai demandé comment il avait gagné sa vie pendant toutes ses années. Il travaillait comme skipper sur un voilier. (........)

10. Si tu pouvais me prêter un peu d'argent... (........)

Exercice 5

Même exercice :

1. Malgré la fatigue, Bernard et Renée coururent pour atteindre le refuge avant la nuit. Tout à coup, au loin, ils aperçurent la fumée d'une cheminée. Ils <u>étaient</u> sauvés. (........)

2. Le jour de ses 15 ans, il <u>fumait</u> sa première cigarette. (........)

3. Je <u>voulais</u> vous souhaiter de bonnes vacances. (........)

4. À peine entré dans le bus, un contrôleur me <u>demandait</u> mon billet. (........)

5. Les footballeurs français marquèrent un but, puis deux, puis trois. L'arbitre siffla la fin du match. La France <u>était</u> championne du monde. (........)

6. Nous <u>voulions</u> savoir s'il y <u>avait</u> un tarif spécial pour prendre le RER. (........, ...)

7. En 1923, Gustave Eiffel <u>disparaissait</u>. (........)

8. Si vous <u>changiez</u> de coiffure ? (........)

9. Sans ton aide, je <u>ratais</u> mon examen. (........)

10. Je <u>prenais</u> un verre de plus, j'<u>étais</u> ivre. (........, ...)

LES
•••••
CONSTRUCTIONS

La construction infinitive et la place de l'infinitif

Elle **a couru annoncer** la nouvelle.

Ils **pensent avoir été** trompés.

Je **laisse partir** les étudiants. / Je **laisse** les étudiants **partir.**

Rappels
L'infinitif suit certains verbes (sans préposition) :
• Les verbes modaux : devoir, falloir, pouvoir, vouloir, oser, pouvoir, paraitre, sembler, laisser, faire, etc.
Il veut **chanter.**
• Certains verbes de mouvement : aller, partir, venir, sortir, courir, accourir, descendre, monter, retourner, revenir, rentrer, etc.
Il est allé **se plaindre** à la direction.
• Les verbes de perception : écouter, entendre, regarder, voir, sentir.
Je sens la tempête **arriver.**
• Les verbes exprimant le désir : espérer, souhaiter, désirer, aimer, aimer mieux, adorer, détester, etc.
J'espère **retourner** un jour en Inde.

I. La construction infinitive

1. Les verbes ayant le sens de dire, croire ou supposer (affirmer, avouer, croire, déclarer, dire, espérer, estimer, nier, penser, prétendre, raconter, se figurer, s'imaginer, supposer, se rappeler) sont suivis d'une construction infinitive (sans préposition) ou d'une relative si le sujet est le même :

Je crois que j'ai raison. = Je crois **avoir** raison.

(L'infinitif peut remplacer l'indicatif.)

2. Dans les constructions avec « que » du type : je veux que ..., lorsque le sujet du verbe de la principale est le même que celui de la subordonnée, il faut employer obligatoirement l'infinitif :

Je veux vous **dire** quelque chose (l'infinitif remplace le subjonctif).

Et non pas : ~~Je veux que je vous dise quelque chose.~~

Les verbes les plus courants de ce type sont :

• **les verbes sans préposition :** vouloir (Je veux partir), souhaiter, désirer, aimer, ...

• **les verbes suivis de « de » :** accepter (J'accepte de partir), attendre, refuser, ...

3. L'infinitif passé est parfois utilisé après : « **après** », « **sans** », pour remplacer « après que », « sans que » et alléger la phrase :

Après **avoir pris** une aspirine, elle s'est couchée. ⇨ Après qu'elle a pris une aspirine, elle s'est couchée.

II. La place de l'infinitif

• **Cas des verbes de perception** : écouter, entendre, regarder, voir, sentir

Deux constructions sont possibles :

1.	sujet	+	verbe	+	complément du 1er verbe et sujet de l'infinitif	+	infinitif

Exemple : J'entends un avion **passer.**

2.	sujet	+	verbe	+	infinitif	+	complément du 1er verbe et sujet de l'infinitif

Exemple : J'entends **passer** un avion.

Remarques :

– Le verbe **laisser** fonctionne de la même manière :

Je laisse **passer** les enfants. / Je laisse les enfants **passer.**

– Mais le verbe **faire** n'accepte qu'une construction (construction 2) :

Il fait **rire** le public (l'infinitif suit le verbe).

• **Pour tous les autres verbes :**

Les deux verbes se suivent (construction 2) :

Je veux **regarder** un film. / Je dois **partir.** / J'aime **aller** au théâtre, etc.

Exercice 1

Choisissez le verbe qui convient pour construire une phrase correcte :

◆ Exemple : Elle   ■ croyait   pouvoir nous aider.
                 ❑ était sure

1. Éric   ❑ rêve   aller à la Géode pour voir le nouveau film sur les reptiles.
           ❑ pense

2. Nous   ❑ espérons   faire de rapides progrès en français.
            ❑ promettons

3. Véronique   ❑ estime   avoir été trompée lors de l'achat de sa voiture.
               ❑ a le sentiment

4. Jean   ❑ regrette   de ne pas être allé chez le dentiste.
          ❑ a avoué

5. Ils
- ❏ hésitent
- ❏ déclarent

reconnaitre le suspect.

6. Il
- ❏ a avoué
- ❏ a le sentiment

ne pas en savoir plus.

7. Ils
- ❏ nient
- ❏ n'acceptent pas

s'être trompés de date.

8. Je
- ❏ crois
- ❏ me félicite

ne pas être le seul dans ce cas.

9.
- ❏ Essayez-vous
- ❏ Pensez-vous

de lui dire la vérité ?

10. Pourquoi n'avez-vous pas
- ❏ osé
- ❏ tenté

de m'en parler ?

Exercice 2

Même exercice :

1. Je
- ❏ propose
- ❏ désire

d'essayer de trouver un compromis.

2. Ces acteurs de théâtre
- ❏ disent
- ❏ se vantent

être mondialement connus.

3. Julien ne
- ❏ prétend
- ❏ présente

pas seulement être le meilleur, il l'est.

4. Nous
- ❏ laisserons
- ❏ ferons

les invités s'assoir où ils voudront.

5. Elle
- ❏ s'était imaginée
- ❏ était persuadée

être l'unique candidate pour ce poste.

6. Nicole
- ❏ peut s'efforcer
- ❏ sait

être gentille quand elle le veut bien.

7. La concierge
- ❏ a accouru
- ❏ aurait mieux fait

ouvrir la porte.

8. Tu
- ❏ étais supposé
- ❏ avais juré

venir me chercher à midi, n'est-ce pas ?

9. Je vous
- ❏ promets
- ❏ assure

avoir tout tenté pour le convaincre de rester.

10. Il a
- ❏ rougi
- ❏ osé

lui dire qu'il l'aime.

11. Je
- ❏ rentre
- ❏ m'empresse

faire mes devoirs et après, je sors.

12. Il a
- ❏ craint
- ❏ failli

tomber.

13. Vous   ❑ avez eu tort   de changer de l'argent à l'aéroport.

           ❑ êtes censé

14. Cette année, ❑ tenons   acheter une maison.

   nous   ❑ comptons

15. Je   ❑ suis bien convaincu   n'avoir donné mon code bancaire à personne.

           ❑ pense

Exercice 3

Répondez aux questions suivant le modèle et en utilisant le verbe proposé entre parenthèses :

◆ Exemple : – Vous n'avez pas pu trouver de champagne ? (affirmer)

         ⇨ **– Oui, j'affirme ne pas avoir pu trouver de champagne.**

1. – Vous avez toujours du mal à vous repérer dans Paris ? (avouer)

   ⇨ – ....

2. – Vous aimez rester des heures au soleil ? (avouer)

   ⇨ – ....

3. – Vous vous êtes vanté de vos conquêtes amoureuses ? (reconnaitre)

   ⇨ – ....

4. – Vous espérez un changement de gouvernement ? (avouer)

   ⇨ – ....

5. – Vous vous êtes légèrement blessée ? (se rappeler)

   ⇨ – ....

6. – Vous avez un salaire confortable ? (avouer)

   ⇨ – ....

7. – Vous vous êtes fait voler votre carte orange ? (affirmer)

   ⇨ – ....

8. – Vous avez l'intention de démissionner ? (déclarer)

   ⇨ – ....

9. – Vous ne vous êtes pas rendu compte que les tiroirs avaient été vidés ? (se rappeler)

   ⇨ – ....

10. –Vous pensez partir en weekend sans vos enfants ? (ne pas nier)

   ⇨ – ....

Exercice 4

Remplacez les éléments de la phrase soulignés par une construction infinitive quand cela est possible :

◆ Exemple : J'ai aperçu les enfants <u>qui se battaient</u>.

         ⇨ J'ai aperçu les enfants **se battre.**

1. <u>Après qu'il a raconté</u> son histoire, il s'est demandé pourquoi personne ne riait.

   ⇨ ....

2. Les professeurs espèrent <u>qu'ils n'auront pas à corriger</u> les épreuves du bac.

⇨ ....

3. Je ne veux pas <u>que vous m'insultiez</u>.

⇨ ....

4. Nous espérons <u>que nous ne vous avons pas trop ennuyés</u> avec nos problèmes.

⇨ ....

5. J'aimerais <u>que vous me présentiez</u> à votre nouvel ami.

⇨ ....

6. J'entends <u>les cloches de l'église qui sonnent</u>.

⇨ ....

7. Il s'imagine <u>qu'il n'a pas fait</u> grande impression sur elle.

⇨ ....

8. Mon neveu à déclaré récemment <u>que l'école ne l'intéressait plus</u>.

⇨ ....

9. J'avoue <u>que je me suis trompé</u> sur votre compte.

⇨ ....

10. Je refuse <u>que des sanctions soient prises contre moi</u>. Je n'ai rien fait de répréhensible.

⇨ ....

Exercice 5

Indiquez sous les deux phrases qui se font face si elles ont toujours le même sens ou si elles peuvent avoir des sens différents :

◆ Exemple : • J'ai vu décorer un homme.   • J'ai vu un homme décorer.

sens différents

1. • J'ai entendu passer un train.   • J'ai entendu un train passer.

....

2. • Ne laissez pas votre chien mordre.   • Ne laissez pas mordre votre chien.

....

3. • Nous avons entendu Christophe crier.   • Nous avons entendu crier Christophe.

....

4. • J'ai regardé un insecte manger.   • J'ai regardé manger un insecte.

....

5. • J'ai senti le vent tourner.   • J'ai senti tourner le vent.

....

6. • Le berger a laissé entrer les moutons.   • Le berger a laissé les moutons entrer.

....

7. • J'ai envoyé Martine remercier.   • J'ai envoyé remercier Martine.

....

8. • Il a entendu critiquer Jeanne.   • Il a entendu Jeanne critiquer.

....

9. • J'ai vu voler un enfant.   • J'ai vu un enfant voler.

....

10. • Elle a écouté le Pape parler.   • Elle a écouté parler le Pape.

....

Exercice 6

Remettez les éléments de la phrase dans l'ordre :

◆ Exemple : été/ils/volés/avoir/estiment
⇨ Ils estiment avoir été volés.

1. s'installer/nous/laissé/les/candidats/avons (deux possibilités)
⇨ ....

2. de/à/de/oublié/d'/dire/avoir/je/Nadia/venir/crains
⇨ ....

3. rencontrés/s'/jamais/sans/être/connaissaient/se/ils
⇨ ....

4. ils/s'/après/travail/sont/reposés/se/mis/au/être
⇨ ....

5. élue/ne/pas/Miss France/tout/du/imaginait/être/s'
⇨ ....

6. répondre/nous/insulter/sans/sommes/nous/fait
⇨ ....

7. du/le/en/le/s'/son/sur/prendre/suspect/fait/vol/portefeuille/ayant/est/oublié/lieu
⇨ ....

8. vous/je/mal/avoir/du/dire/ne/pas/entendu/pense/de
⇨ ....

9. eu/il/lever/a/avoir/servi/se/à/été/sans
⇨ ....

10. partir/avoué/elle/pas/avait/ne/m'/vouloir
⇨ ....

Les verbes suivis d'un infinitif : constructions avec à, de ou sans préposition

Il **commence à** pleuvoir.

Je vous **demande de** sortir.

Nous **préférons** rester.

Rappels
Un verbe peut être suivi :

Un verbe peut être suivi :

• d'un nom :

    J'ai oublié votre nom.

• d'une proposition complétive introduite par **que** :

    J'ai oublié qu'il était absent.

• d'un infinitif :

    J'ai oublié de fermer la porte.

Lorsqu'un verbe admet plusieurs constructions (nom, complétive ou infinitif), la préposition utilisée dans un cas (J'ai oublié **de** fermer.) peut disparaitre dans un autre cas (J'ai oublié votre nom. J'ai oublié qu'il était absent.) Il n'y a pas d'homogénéité dans ces constructions.

Exemples de constructions :

verbe	+ nom	+ complétive	+ infinitif
commencer	Je commence mon travail.	construction impossible	Je commence **à** travailler.
accepter	Il a accepté cette condition.	Il a accepté que je vienne.	Il a accepté **de** partir.
s'apercevoir	Je me suis aperçu **de** son absence.	Je me suis aperçu qu'il n'était pas là.	construction impossible

1. Verbes suivis d'un nom

La construction peut être :

– directe (sans préposition) :

    Je cherche mon portemonnaie.

– ou avec une préposition, les plus fréquentes étant **à** et **de**.

Exemples :

verbe + **à** + nom :

    J'ai assisté **à** la cérémonie.

verbe + **de** + nom :

> Je manque **de** temps.

verbe + nom + **à** + nom :

> J'ai demandé mon chemin **à** un agent de police.

verbe + nom + **de** + nom :

> Il a accusé son frère **de** vol.

2. Verbes suivis d'une complétive

Il faut distinguer deux types de phrases :

– le verbe de la complétive est à l'indicatif :

> Je pense qu'il **part** bientôt.

– le verbe de la complétive est au subjonctif :

> Je préfère qu'il **parte.**

Le choix du mode (indicatif ou subjonctif) dépend de l'idée exprimée par le verbe de la principale.

Le tableau ci-dessous répertorie les verbes les plus fréquents suivis du subjonctif :

verbe de la principale exprimant :	verbe de la complétive au subjonctif
• la volonté, le souhait Exemples : vouloir, souhaiter, désirer, promettre, accepter, défendre, interdire, empêcher, éviter de, proposer,...	Je veux qu'elle **sorte.** Je souhaite qu'elle **soit** heureuse. (mais : J'espère qu'elle sera heureuse. ⇨ « espérer » est suivi de l'indicatif)
• le doute, l'incertitude **• l'opinion à la forme négative** **• l'opinion à la forme interrogative** (avec l'inversion verbe/sujet) Exemples : douter, ne pas croire, ne pas penser,...	Je doute qu'il **soit** à l'heure. Je ne pense pas qu'il **comprenne.** (mais : Je pense qu'il comprend. ⇨ indicatif) Croyez-vous qu'elle **soit** heureuse ? (mais : Est-ce que vous croyez / vous croyez qu'elle est heureuse. ⇨ indicatif)
• les sentiments, les émotions, les appréciations Exemples : aimer, adorer, détester, apprécier, craindre, préférer,...	J'aime que les hommes **soient** galants. Je crains qu'il ne **pleuve.**

Remarque : D'autres verbes demandent tantôt le subjonctif, tantôt l'indicatif en fonction du sens :

> Il a compris que j'étais absente. ⇨ il s'est rendu compte...
> Il a compris que je sois absente ⇨ il a accepté...

3. Verbes suivis d'un infinitif

a) Si la phrase se présente sans complément d'objet, trois cas sont possibles :

• **verbe + de + infinitif :**

> Il mérite **de** gagner.

C'est la construction la plus fréquente.

Exemples de verbes : s'abstenir, accepter, achever, affecter, attendre, avertir, s'aviser, avoir besoin, choisir, cesser, se charger, convenir, conseiller, se contenter, craindre, décider, déconseiller, se défendre, se dépêcher, désespérer, dispenser, dissuader, douter, s'efforcer, s'empresser, entreprendre, envisager, essayer, s'étonner, éviter, s'excuser, faire semblant, se féliciter, feindre, finir, se garder, se hâter, imposer, jurer, se lasser, manquer, menacer, mériter, se moquer, négliger, obtenir, offrir, omettre, ordonner, oublier, parler, se passer, prévoir, projeter, promettre, proposer, se proposer, recommander, redouter, refuser, regretter, se réjouir, rêver, rire, risquer, se souvenir, suggérer, supporter, tâcher, tenter, se vanter,...

• **verbe + à + infinitif :**

> Il a réussi **à** sortir.

Cette construction concerne certains verbes.

Exemples de verbes : aider, amener, s'amuser, apprendre, s'appliquer, s'apprêter, arriver, s'attacher, s'attendre, autoriser, avoir, se borner, chercher, commencer, se complaire, conduire, consentir, continuer, contribuer, convier, encourager, s'entrainer, se fatiguer, s'habituer, hésiter, inciter, inviter, se mettre, s'obstiner, parvenir, persister, se préparer, renoncer, réussir, se résigner, se résoudre, servir, songer, tarder, tendre, tenir, veiller,...

• **verbe + infinitif** (sans préposition) :

> Elle espère gagner.

Cette construction concerne certains verbes dont les principaux sont :

– les verbes de perception :

> écouter, entendre, regarder, voir, sentir,...

– les verbes exprimant les gouts :

> adorer, aimer, détester, préférer,...

– les verbes de mouvement dont l'objectif est l'action exprimée par l'infinitif :

> aller, courir, descendre, monter, partir, rentrer, repartir, retourner, revenir, sortir, venir,...

– et les verbes comme :

> affirmer, attester, avouer, compter, croire, daigner, déclarer, désirer, devoir, espérer, estimer, faillir, faire, se figurer, s'imaginer, laisser, nier, oser, paraître, penser, pouvoir, prétendre, raconter, se rappeler, reconnaitre, savoir, sembler, souhaiter, vouloir.

b) Si l'infinitif est accompagné d'un complément d'objet direct (COD) ou d'un complément d'objet indirect (COI), quatre cas se présentent :

• **verbe + COD + à + infinitif**	• **verbe + COI + à + infinitif**
Il l'a aidée **à** traverser la rue. ⇨ Aider quelqu'un à faire quelque chose.	Je **lui** ai appris **à** faire du vélo. ⇨ Apprendre à quelqu'un à faire quelque chose.
Exemples de verbes : aider, autoriser, condamner, contraindre, convier, décider, employer, encourager, engager, forcer, habituer, inciter, inviter, obliger, pousser,...	Exemples de verbes : apprendre, enseigner,...

• **verbe + COD + de + infinitif**	• **verbe + COI + de + infinitif**
Je vous prie **de** sortir. ⇨ Prier quelqu'un de faire quelque chose.	Elle **lui** a conseillé de partir. ⇨ Conseiller à quelqu'un de faire quelque chose.
Exemples de verbes : accuser, charger, dispenser, empêcher, excuser, féliciter, persuader, prier, punir, remercier, soupçonner, supplier,...	Exemples de verbes : commander, défendre, ordonner, pardonner, permettre, prescrire, promettre, proposer, recommander, reprocher, souhaiter, suggérer,...

4. Cas des locutions verbales

• 1er cas : **avoir + (article défini) + nom + de + infinitif**	• 2e cas : **avoir + article indéfini ou partitif + nom + à + infinitif**
Il a envie **de** partir. Il a le temps **de** partir.	Elles ont **des** difficultés **à** comprendre.
Exemples : – sans article : avoir besoin, envie, honte, raison, tort,... – avec article : avoir le droit, le regret, le plaisir, l'air,...	Exemples : avoir du temps à perdre, des problèmes à régler, du travail à faire,...

5. Verbes changeant de sens

• Selon la préposition :

Je **pense** aller en Espagne cet été. ⇨ sens d'avoir l'intention de...
Pense à fermer la porte à clé ! ⇨ sens de ne pas oublier...

Exemples de verbes :
demander :

| Il nous a demandé de sortir. | ⇨ | Nous devons sortir. |
| Il demande à sortir. | ⇨ | Il veut sortir. |

manquer :

| Je manque d'argent. | ⇨ | Je n'ai pas d'argent. |
| Il manque à sa parole. | ⇨ | Il ne respecte pas sa parole. |

• Selon la forme du verbe ⇨ verbes pouvant être prononominaux :

Exemples de verbes :
attendre :

| Il attend de sortir. | ⇨ | Il attend le moment. |
| Il s'attend à une dispute. | ⇨ | Il croit qu'il va y avoir une dispute. |

décider :

| Il a décidé de partir. | ⇨ | Il est parti ou va partir. |
| Il s'est décidé à partir. | ⇨ | Après hésitation, il est parti. |

risquer :

    Il risque de tomber.   ⇨   S'il ne fait pas attention, il va tomber.

    Il se risque à l'inviter au restaurant.   ⇨   Il hésite mais il l'invite au restaurant.

6. Formes impersonnelles + de + infinitif :

    Il est important de signer ce document.

    Il est question de réduire les impôts locaux.

    Il est difficile de mémoriser cette poésie.

Mais :   Cette poésie est difficile à mémoriser. ⇨ le sujet n'est pas impersonnel.

- -

Exercice 1

*Complétez les phrases suivantes avec **à** ou **de**, si nécessaire :*

1. J'aurais préféré .... aller au club de sport. Il faisait trop froid pour faire du jogging dans le bois de Boulogne.

2. Si vous ne réussissez pas .... me joindre au bureau, appelez-moi sur mon portable.

3. Sophie commence .... me taper sur les nerfs, elle répète tout ce que je lui confie.

4. Accepteriez-vous .... diner avec moi ce soir, Mathilde ?

5. Il a couru .... nous annoncer la naissance de son fils.

6. L'auteur des coups de téléphone a été démasqué : il s'agissait d'un enfant qui s'amusait .... effrayer les gens du village.

7. Il semble .... avoir compris.

8. Nous tenons .... vous exprimer toute notre sympathie en ces douloureux moments.

Exercice 2

Choisissez le verbe convenable (les verbes proposés n'ont pas forcément le même sens) :

1. Paul s'est empressé / s'est apprêté .... de partir.

2. Nous consentons / acceptons .... à vous rembourser vos marchandises.

3. Il s'efforce / croit .... être le meilleur.

4. Cette cliente prétend / s'efforce .... de compter en euros.

5. Les invités ont omis / hésité .... d'apporter des fleurs.

6. Je m'étais imaginé / rêvais .... de gagner une fortune au loto.

7. Je ris / J'aime .... de me voir si belle en ce miroir.

8. Nous vous suggérons / convions .... de renouveler votre demande.

9. Je préfère / propose .... d'annuler nos vacances pour économiser de l'argent.

10. Je ne compte pas / ne m'attends pas .... à recevoir de ses nouvelles sous peu.

Exercice 3

Même exercice :

1. Ce document vous permettra/autorisera .... d'entrer sans payer.

2. Je ne peux que vous encourager/recommander .... d'engager une assistante.

3. Vincent les a persuadés/décidés .... d'acheter une maison à Cannes.

4. Il soupçonnait/poussait .... sa femme à mentir.

5. Aujourd'hui, notre professeur nous a appris/défendu .... de parler anglais.

Exercice 4

*Complétez les phrases suivantes avec **à** ou **de**, si nécessaire :*

1. Pardonnez-moi .... vous avoir oublié.

2. Décidez-vous .... partir ou .... rester mais décidez-vous !

3. Je vous supplie .... m'écouter.

4. Le voleur a été condamné .... faire 50 heures de travail d'intérêt général.

5. La grève des transports en commnun a encore empêché des milliers de personnes .... se rendre à leur travail.

6. Vous nous aviez promis .... nous aider .... trouver un travail. C'est maintenant chose faite et nous tenons .... vous remercier .... avoir tenu parole.

Exercice 5

Même exercice :

1. Nous sommes parvenus .... convaincre Michel .... prendre quelques jours de repos.

2. Anthony songe .... changer de travail depuis plusieurs semaines.

3. Depuis son voyage en Chine, ma grand-mère a entrepris .... s'inscrire à un club de taï chi chuan. Elle ferait mieux de faire du vélo !

4. Sylvain accumule un tas de vieilleries qu'il ne peut se résoudre .... jeter.

5. Persuadé .... avoir fait le bon choix, le président ne s'attendait pas .... être trahi par sa secrétaire.

Exercice 6

Reliez les mots ou groupes de mots de façon à faire des phrases :

1. Le suspect se défend •	• de répéter
2. Il faut encourager les candidats •	• à apprendre la liste des verbes irréguliers.
3. Ce basketteur estime •	• d'avoir été présent lors du délit.
4. Le contrôle anti-dopage ne les dissuade pas •	• à se détendre avant l'épreuve.
5. Les acteurs devront se passer •	• de continuer à prendre des anabolisants.
6. Vanessa s'est cassé la tête •	• ne pas être assez entrainé.

Exercice 7

*Complétez les phrases suivantes avec **à** ou **de** si nécessaire :*

Sophie et Max sont en retard.

– Tu as pris les fleurs, Sophie ?

– Mais oui, allez démarre, nous avons déjà une demi-heure de retard !

– Zut ! Je ne sais plus si j'ai enclenché l'alarme dans l'appartement !

– Je ne me souviens pas (**1**) .... t'avoir vu (**2**).......... l'allumer.

– Oh toi, tu ne te rappelles jamais (**3**) .... avoir fait ceci ou cela !

– En tout cas, je ne me risquerais pas (**4**) .... y toucher, à cette alarme.

– Effectivement, tu risquerais (**5**) .... tout faire sauter...

– Bon, allez roule, je ne tiens pas (**6**) .... me disputer avec toi aujourd'hui.

Exercice 8

Même exercice :

Mesdames, Mesdemoiselles et Messieurs, bonjour et bienvenue au concours international de piano. Nous avons le plaisir (**1**) .... recevoir de jeunes candidats qui sont, ce soir, prêts (**2**) .... jouer cette finale. Le candidat qui sera jugé (**3**) .... avoir fait la meilleure prestation se verra (**4**) .... décerner le premier prix. Nous aurons également le plaisir (**5**) .... récompenser cinq autres candidats. Il m'incombe maintenant (**6**) .... vous présenter notre jury composé de dix personnalités du monde de la musique.

Exercice 9

*Complétez les phrases suivantes avec **à** ou **de**, si nécessaire :*

1. J'ai le regret .... vous annoncer que votre candidature n'a pas été retenue.

2. Je vous prie .... agréer, Monsieur, l'expression de mes salutations distinguées.

3. Nous tenons .... vous remercier de votre courrier du 8 mai dernier.

4. Je déclare, par la présente, ... devoir la somme de 30 000 francs à Monsieur Thibaud.

5. Nous vous serions obligés .... nous fournir quelques détails supplémentaires concernant l'ameublement de l'appartement.

6. Nous avons dû l'obliger .... modifier certaines clauses du contrat.

7. J'atteste sur l'honneur .... avoir été témoin de l'accident survenu le 3 novembre dernier entre Messieurs Gérard et Caron.

8. On ne peut, en aucun cas, vous contraindre .... payer sans vous établir de facture.

9. La baisse de la demande nous a amenés .... réduire notre production.

10. Après une semaine de grève, la direction a accepté .... rencontrer les représentants syndicaux et s'est déclarée disposée .... entamer des négociations.

11. Nous sommes prêts .... vous accorder toute facilité de paiement.

12. À ce rythme, il n'est pas près .... avoir fini.

13. Nous étions convenus .... nous rencontrer cette semaine mais je serai malheureusement très occupé.

14. Nous ne pouvons que vous encourager .... poursuivre vos efforts dans cette voie.

15. Ils n'ont pas le courage .... affronter leur banquier.

Exercice 10

Même exercice :

1. N'hésitez plus .... vous abonner à Télémagazine.

2. Empressez-vous .... remplir le bulletin ci-dessous.

3. N'omettez pas .... signer.

4. Vous nous autorisez .... prélever la somme de 80 francs sur votre compte, chaque trimestre.

5. Vous avez la liberté .... résilier votre abonnement à tout moment.

6. Nous nous engageons .... faire suivre gratuitement votre Télémagazine sur votre lieu de vacances.

7. Nous vous invitons .... joindre un relevé d'identité bancaire.

8. Ne tardez pas .... renvoyer votre bulletin rempli et signé.

9. Vous ne vous lasserez pas .... découvrir chaque semaine nos programmes complets, des articles passionnants et des jeux pour toute la famille.

10. Vous n'aurez plus .... vous déplacer.

● ● ● ● ● ● ● ● ● ● ● ● ●

L'infinitif et les pronoms

Je **les** ai vus danser.
Pierre l'a laissé **lui parler.**
Faites-**le-moi savoir.**

Quand un verbe et l'infinitif qui le suit sont accompagnés d'un ou de deux pronoms personnels, la place de ceux-ci dépend de leur relation avec ces verbes.

I. Deux constructions sont possibles :

1. Si le pronom est complément de l'infinitif, il se place devant cet infinitif :

sujet + verbe + pronom(s) + infinitif

Je veux faire le repas. ⇨ Je veux **le** faire.

Il a voulu lui donner son code ⇨ Il a voulu **le lui** donner.

Il a essayé de parler à sa sœur. ⇨ Il a essayé de **lui** parler.

Cette construction est la plus courante. Elle concerne presque tous les verbes.

Exceptions : laisser, faire, envoyer, ou les verbes de perception (voir, regarder, sentir, écouter, entendre) placés avant l'infinitif ⇨ dans ce cas, les pronoms se placent avant le verbe conjugué :

sujet + pronom(s) + verbe + infinitif

Elle laisse partir les enfants. ⇨ Elle **les** laisse partir.

Elle a laissé partir les enfants. ⇨ Elle **les** a laissés partir.

Remarques :

• Au passé composé, le participe passé « laissés » s'accorde en genre et en nombre avec le pronom complément d'objet direct placé devant (« les » dans l'exemple).

• Quand le premier verbe est « faire » au passé composé, celui-ci est invariable :

J'ai fait construire ma maison. ⇨ Je l'ai **fait** construire.

• À l'impératif affirmatif, les pronoms sont placés après le premier verbe :

Écoutez-**la** chanter. Faites-**les-moi** parvenir.

2. Le verbe conjugué et l'infinitif peuvent être accompagnés tous deux de pronoms. Dans ce cas, les pronoms se placent respectivement devant le verbe et l'infinitif :

sujet + pronom + verbe + pronom + infinitif

Il a laissé **les avocats** dire la vérité.

Il **les** a laissés **la** dire (« les » dépend de « laisser » et « la » dépend de « dire »).

II. Rappel : la place des pronoms

1. Voici l'ordre des pronoms personnels devant un infinitif (mais aussi devant un verbe conjugué sauf à l'impératif) :

sujet	(ne)	me te se nous vous	le la les	lui leur	y	en	verbe

Remarque :

en et **y** ne peuvent pas être employés ensemble sauf avec « il y a » :

    Il y a des fruits ? Oui, il **y en** a.

2. Voici l'ordre des pronoms après un verbe à l'impératif affirmatif :

verbe	le la les	moi (m') toi (t') lui nous vous leur	en y

• •

Exercice 1

Répondez affirmativement aux questions :

◆ Exemple : – Tu as oublié les Chesnier ?

        ⇨ – **Oui, je les ai oubliés.**

1. – Tu t'es fait couper les cheveux ?

  ⇨ – ....

2. – Elle veut encore jouer à la poupée ?

  ⇨ – ....

3. – Elle a fait brûler les madeleines ?

  ⇨ – ....

4. – Ils pensent arriver à Paris à 5 h ?

  ⇨ – ....

5. – Tu crois avoir perdu ta montre ?

⇨ – ....

6. – Tu as vu Pierre frapper son frère ?

⇨ – ....

7. – Elle fait toujours assoir sa mère près d'elle ?

⇨ – ....

8. – Elle a laissé Marie-Aude parler à sa sœur comme ça ?

⇨ – ....

9. – Tu as entendu parler de cette histoire ?

⇨ – ....

10. – Faut-il qu'il laisse Jacques parler de cette histoire ?

⇨ – ....

11. – Tu as vu la vieille femme trébucher ?

⇨ – ....

12. – Tu dois faire réparer ta voiture ?

⇨ – ....

13. – Il veut offrir des fleurs à sa femme ?

⇨ – ....

Exercice 2

Répondez négativement aux questions :

◆ Exemple : – Tu as vu les canards traverser le lac ?

⇨ – **Non, je ne les ai pas vus le traverser.**

1. – Avez-vous entendu Laurence chanter la Marseillaise ?

⇨ – Non, nous ....

2. – A-t-elle fait répéter la phrase aux étudiantes ?

⇨ – Non, elle ....

3. – Avez-vous pu ajouter les modifications aux lettres ?

⇨ – Non, nous ....

4. – Tu as envoyé les enfants faire les courses seuls ?

⇨ – Non, je ....

5. – Hélène a suggéré à Pascale de faire un régime ?

⇨ – Non, elle ....

6. – Noëlle a réussi à convaincre Joël d'acheter des actions ?

⇨ – Non, elle ....

7. – Nous allons obliger le concierge à nous apporter le courrier ?

⇨ – Non, nous ....

8. – Quand j'apercevrai le guide nous faire signe, je pourrai aller au chalet ?

⇨ – Non, quand tu ....

9. – Ils ont fait faire leurs devoirs par leurs parents ?

⇨ – Non, ils ....

10. – Elle a dû rembourser 1 000 francs ?

⇨ – Non, elle ....

Exercice 3

Remplacez les compléments par des pronoms :

◆ Exemple : – Laissez la surveillante parler à Loïc.

⇨ – Laissez-**la lui** parler.

1. Faites traduire ce poème.

⇨ ....

2. Faites des grimaces aux singes à votre tour.

⇨ ....

3. Décidez votre grand-père à vous vendre sa voiture.

⇨ ....

4. Voyez les dauphins s'amuser dans le bassin.

⇨ ....

5. Faites faire du sport à votre frère, il maigrira.

⇨ ....

6. Laissez le bébé se calmer tout seul.

⇨ ....

7. Décidez Jérémie à nous écrire un petit mot de temps en temps.

⇨ ....

8. Allez mettre ce diamant dans le coffre-fort.

⇨ ....

9. Ecoutez Sandra essayer son nouveau piano.

⇨ ....

10. Faites asseoir votre invitée dans le salon.

⇨ ....

Exercice 4

Complétez les terminaisons :

◆ Exemple : Elles se sont laiss**ées** dépass**er**.

1. – Tu n'as pas dit à Christine que tu sortais.

– Non, je l'ai laiss........ ferm........ la porte.

2. – Tu as ouvert la porte ?

   – Non, je l'ai laiss........ ferm........ .

3. Les filles ? Oui, je les ai entendu........ rentr........ .

4. – Qu'est-il arriv........ à ses cheveux ?

   – Elle se les est fait........ fris........ .

5. Regarde dans la vitrine. C'est la bague que j'ai voulu........ achet........ à ma femme mais elle était hors de prix.

6. Ma montre ? Je me la suis fait........ (offrir) off........ par mon mari.

7. Les gens, c'est moi qui les ai fait........ chang........ de place.

8. Les sommes que j'ai voulu........ chang........ en francs étaient trop élev........ .

9. Tu les as prié........ de les laiss........ tranquilles mais ils ne t'ont pas écout........, ma pauvre Émilie.

10. Nous avons regard........ les athlètes saut........ les haies.

Exercice 5

Remettez les mots entre parenthèses dans l'ordre :

◆ Exemple : Le dentiste (le patient/entrer/fait/a) **a fait entrer le patient.**

Hier, je (couper/suis/me/fait) .... les cheveux. D'abord, la coiffeuse (m'/assoir/fait/a) .... et elle m'a demandé ce que je voulais. Je n'étais pas bien décidée mais je (faire/me/pas/voulais/ne/la/laisser) .... n'importe quoi alors j'ai choisi un modèle dans un catalogue. Elle m'a d'abord lavé les cheveux. Ensuite, elle (les/me/a/coupés) .... et je (faire/fais/me/suis) .... une permanente.

Puis la coiffeuse (me/séchés/a/les) .... aux infrarouges.

Je (teindre/fait/ne/pas/suis/me/les) .... parce que je n'ai pas de cheveux blancs et j'aime bien ma couleur naturelle.

Il faisait chaud et et je me suis endormie. Tout à coup, j' (quelqu'un/rire/entendu/ai) .... et je me suis réveillée en sursaut : toutes les clientes (vue/avaient/m'/endormir/m') .... et elles (dormir/me/regardaient) .... et (ronfler/écoutaient/m') .... depuis dix minutes en riant.

J'étais furieuse que la coiffeuse (faire/laissées/les/ait) ....

Exercice 6

Même exercice :

Ce matin, j'attendais le bus comme tous les matins. Une dame aveugle est venue s'assoir près de moi. (l'/vue/je/arriver/avais) .... de loin. (je/reconnue/

l'/avais) .... à sa canne blanche et à ses lunettes noires. (s'assoir/ai/je/l'/aidée/à) .... et j'ai été très étonné qu'elle me remercie assez sèchement. Quand le bus est arrivé, (je/passer/ai/l'/fait/) .... et (l'/invitée/ai/à/je/guider/laisser/se) en la prenant par le bras. Elle m'a semblé alors tout à fait excédée et (considérer/reproché/m'/pas/à/ne/de/la) .... comme une personne capable de se débrouiller seule dans un bus et patati et patata. Je lui ai dit que tout ce que je voulais, c'était (y/aider/monter/à/l') .... et qu'on ne m'y reprendrait plus.

Le lendemain, j'ai décidé de prendre le métro. Quand le métro est arrivé sur le quai, alors que (m'/installer/apprêtais/à/je/m') ...., j'ai été heurté par quelque chose à la jambe. En me détournant, je me suis rendu compte qu'il s'agissait d'une canne blanche d'une autre aveugle. Décidément. Après mon expérience de la veille, (lui/pas/aider/ne/proposé/je/ai/l'/de) .... et je me suis assis. Elle s'est mise à côté de moi et m'a dit, ironiquement : « Merci pour votre aide ! »

● ● ● ● ● ● ● ● ● ● ● ● ● ●

Les doubles pronoms compléments quelques particularités

– Tu as présenté ton amie à tes parents ? – Oui, je **la leur** ai présentée.

– Et toi, elle **t**'a présenté à ses parents ? – Non, elle ne **m**'a pas présenté.

• Les doubles pronoms compléments se placent **devant le verbe** (sauf à l'impératif affirmatif), mais toutes les combinaisons ne sont pas possibles.

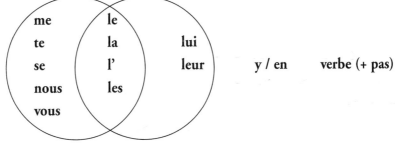

Sujet (+ ne)   me / te / se / nous / vous   le / la / l' / les   lui / leur   y / en   verbe (+ pas)

• Les combinaisons se font à l'intérieur d'un seul cercle, elles sont **horizontales** et non verticales.

   – Tu m'as apporté le journal ?   – Oui, je **te** l'ai apporté.

   – Tu lui as rendu son livre ?   – Oui, je **le lui** ai rendu.

• Des séquences comme **me vous, vous me** (verticales), **me lui** ou **te leur** (deux cercles) sont **impossibles**. On a alors recours à la préposition **à + pronom tonique**, ou à la **suppression du COI**.

   On vous a recommandé (**à moi**) pour ce travail.

   Je me suis adressé **à lui** pour ce travail.

   Tu me présenteras à tes collègues ? Oui, je te présenterai (**à eux**).

Remarque : **Y** et **en** (qui peuvent se combiner avec un élément d'un cercle) se trouvent rarement dans la même combinaison. Mais dans ce cas, **y** précède **en** :

   Il y a beaucoup d'exceptions dans la grammaire française ? Oui, il **y en** a beaucoup.

· ·

Exercice 1

Répondez en utilisant (si possible) deux pronoms :

Exemple : – Tu as rapporté mes paroles à Jacques ?   ⇨ – Oui, je **les lui** ai rapportées.

L'indiscret :

1. – Tu n'as pas raconté à ta copine tout ce que je t'ai raconté ?

   ⇨ – Si, ...

2. – Est-ce que tu as répété à ma voisine les confidences que je t'ai faites ?

   ⇨ – Oui, ...

3. – Comment ? Tu t'es confié à ma voisine qui me déteste ?

⇨ – Je ne savais pas, mais oui, ...

4. – Et tu as parlé de mes problèmes à tes parents ?

⇨ – Oui, ...

5. – C'est vrai que tu m'as décrit à tes amis comme quelqu'un de timide ?

⇨ – Ce n'est pas méchant. Oui, ...

6. – C'est incroyable ! Et ça ne te pose pas de problèmes ?

⇨ – Non, ...

7. – Tu sais que je n'ai pas fait le devoir tout seul. Tu ne m'as quand même pas dénoncé au professeur ?

⇨ – Ah non, ...

8. – Merci, mais tu ne t'es jamais dit que tu parlais trop ?

⇨ – Non, ...

Exercice 2

Même exercice :

Le timide :

1. – Tu te plains que personne ne te parle à ton nouveau travail. Tu t'es présenté à tes collègues ?

⇨ – Non, ...

2. – Si tu veux cette mission en Corse, il faut en parler à ton patron.

⇨ – Non, je ne veux pas ....

3. – Et tu t'es adressé à sa secrétaire ?

⇨ – Non, ...

4. – Je crois que tu ne t'intéresses pas beaucoup aux gens.

⇨ – Si, ..., mais je suis timide.

Exercice 3

Répondez aux questions en utilisant si possible deux pronoms (COD, COI, pronom disjoint) :

◆ Exemples : – Vous m'avez été envoyé pour un entretien ?   ⇨ – Oui, on m'a envoyé **à vous.**
                      – Ma secrétaire vous a donné la fiche à remplir ? ⇨ – Oui, elle **me** l'a donnée.

Le patron et son adjoint :

1. – Vous me recommandez ce candidat ?

⇨ – Oui, je ....

2. – Et vous vous fiez à ce garçon ?

⇨ – Oui, je ....

3. – Vous pensez qu'on peut lui confier le poste ?

⇨ – Oui, je pense qu'on peut ....

4. – Bon, envoyez-le moi !

⇨ – Tout de suite, je ....

Le patron et le candidat :

5. – C'est vous qui m'avez adressé votre candidature ?

⇨ – Oui, c'est moi qui ....

6. – Vous m'avez été recommandé par mon adjoint.

⇨ – Vraiment ? Votre adjoint ....?

Exercice 4

Transformez le complément de **à** *en pronom :*

◆ Exemple : Ils ont adhéré à ce club.   ⇨ Ils **y** ont adhéré.

Un été, mes parents devaient voyager et ne savaient pas quoi faire de moi.

1. Ils l'ont raconté à l'un de mes oncles.

⇨ ....

2. Ils m'ont confié à cet oncle pendant les vacances.

⇨ ....

3. Il m'a emmené à son atelier.

⇨ ....

4. Il m'a appris à relier des livres.

⇨ ....

5. C'est depuis cette époque que je m'intéresse aux livres.

⇨ ....

● ● ● ● ● ● ● ● ● ● ● ● ●

Le « ne » explétif

Partez avant qu'il **ne** fasse nuit.

Il en dit plus qu'il **n'**en fait.

Je crains qu'il **n'**ait raté son train.

ne peut être utilisé seul et ne pas être une négation.

À l'oral ou à l'écrit ?

Son utilisation est facultative. À l'oral, on l'utilise rarement dans la conversation courante sauf dans un style soutenu. À l'écrit, il est très fréquent.

1. Après les verbes ou expressions indiquant **la crainte**

• Verbes : avoir peur que, craindre, que, redouter que

> J'ai **peur qu'**il **n'**ait tout compris. ⇨ Je crois qu'il a tout compris.

À la forme négative, le **ne** disparaît :

> Je n'ai pas peur qu'il soit mécontent.

• Conjonctions : de peur que, de crainte que

> Je lui ai donné le texte du discours de peur qu'il **ne** dise des bêtises.
>
> ⇨ parce que j'ai peur qu'il dise des bêtises.

Remarque : les expressions de crainte sont suivies du mode subjonctif (ait compris, dise).

2. Après les verbes ou expressions indiquant **l'empêchement : empêcher que, éviter que**

> Évitez qu'il **ne** vous parle.

3. Dans les phrases comparatives de supériorité ou d'infériorité :

> Cette voiture consomme **plus que** je **ne** le pensais.
>
> Cette ville est **moins** grande **que** je **ne** le pensais.

Quand l'élément de comparaison est une phrase (Je le pensais.) et qu'il y a un rapport de supériorité ou d'infériorité, le **ne** explétif intervient dans cette phrase.

4. Après les conjonctions : avant que, à moins que, sans que

> Filons **avant qu'**elle **ne** soit là.
>
> J'apporterai le dessert **à moins que** quelqu'un d'autre **n'**y ait pensé.
>
> Il a payé l'addition **sans que** je **ne** m'en aperçoive.

Remarque : ces conjonctions sont suivies du mode subjonctif .

5. Après les verbes et expressions exprimant **un doute, une négation** et à condition que ceux-ci soient à la forme négative ou interrogative : **ne pas douter, nul doute que,** ... (+ subjonctif)

> Je **ne doute pas** qu'il **ne** soit courageux. ⇨ Je pense qu'il est courageux.
>
> Mais il y a une restriction sous-entendue.

Remarque : Il faut avouer que ces tournures sont souvent évitées car elles prêtent parfois à confusion.

Attention : Il ne faut pas confondre le **ne** explétif, employé après un nombre restreint d'expressions, avec la négation **ne** privée de **pas** utilisée surtout dans le style littéraire après les verbes : oser, savoir, cesser et pouvoir (voir La phrase négative : cas particuliers p. 60) :

Il **ne** cesse de l'importuner.

• •

Exercice 1

*Complétez la fin de la phrase avec les termes proposés et le **ne** explétif quand cela est possible :*

◆ Exemple : J'ai peur qu'(il/être en retard)

⇨ **J'ai peur qu'il ne soit en retard.**

1. Nous redoutons qu'(il/être trop tard pour s'inscrire)

    ⇨ ....

2. Il faut éviter que (les clients/être insatisfaits)

    ⇨ ....

3. Il craint que (sa mère/être gravement malade)

    ⇨ ....

4. Il redoutait que (la police/remarquer sa présence)

    ⇨ ....

5. J'ai pu éviter qu'(elle/se blesser avec le couteau)

    ⇨ ....

6. Le froid a empêché que (la neige/fonde)

    ⇨ ....

7. Je n'ai pas peur que (l'avion/s'écraser)

    ⇨ ....

8. Évitons que (les travaux/être effectués dans la journée)

    ⇨ ....

9. Avez-vous peur que (le ciel/vous/tomber sur la tête)

    ⇨ .... ?

10. Craignez-vous (la grèves des transports/s'éterniser)

    ⇨ ....

Exercice 2

*Reliez les phrases en respectant l'utilisation du **ne** explétif et de la négation ; il y a toujours une proposition en trop :*

◆ Exemple :

Sylvie est sortie { sans que • ⟍   ⟋ • je ne la voie pas.
                              ⟋ ⟍ • je ne la vois pas.
                   pour que • ⟋   ⟍ • je ne la voie.

1.

Il n'y aura plus de places

{
à moins que •
sauf si •
}

• tu ne te dépêches.
• tu te dépêches.
• tu ne te dépêches pas.

2.

Allez la voir

{
avant qu' •
pendant qu' •
}

• elle est encore là.
• elle ne s'évanouisse.
• elle n'est encore là.

3.

Puis-je vous parler

{
maintenant que •
avant que •
}

• vous lui avez tout dit ?
• vous lui aviez tout dit ?
• vous ne lui disiez tout ?

4.

Je ne lui pardonnerai pas

{
à moins qu' •
même s' •
}

• il s'excuse.
• il ne se soit pas excusé.
• il ne s'excuse.

5.

Romain m'a expliqué la route

{
sans que •
après que •
}

• je ne le lui demande.
• je ne le lui ai pas demandé.
• je le lui ai demandé.

6.

Je jette ce livre

{
à moins que •
sauf si •
}

• tu ne le veuilles.
• tu ne le veuilles pas.
• tu le veux.

7.

Nathalie a caché son sac

{
de peur qu' •
afin que •
}

• personne ne le lui prenne.
• quelqu'un le lui prend.
• un voleur ne le lui prenne.

Exercice 3

*Cochez les cases selon la valeur du **ne** (**ne** explétif ou **ne** négatif) :*

◆ Exemple :

	ne explétif	ne négatif
Je crains que les invités **ne** s'ennuient.	X	
1. Ce candidat ne cesse de se représenter aux élections présidentielles.		
2. Je ne nie pas qu'il ne souffre.		
3. Il est surpris qu'elle n'ose se dévêtir à la plage.		
4. Les électeurs ont peur que les élections n'aient été truquées.		

	ne explétif	ne négatif
5. Il a dit je ne sais quoi.		
6. Ils sont allés au cocktail sans qu'ils n'y aient été invités.		
7. Les clients redoutent que la société ne dépose bientôt son bilan.		
8. Vous avez fait moins de fautes que vous ne le craigniez.		
9. Nous craignons qu'il ne soit impossible d'éviter les embouteillages du 1er août.		
10. Nous n'avons pu atteindre le port à temps.		
11. Les chômeurs de longue durée ne savent comment sortir de cette situation.		
12. À moins que vous ne me versiez des arrhes, je ne peux pas vous réserver cette chambre.		
13. Elle s'est occupée de l'organisation du séminaire sans que nous n'ayons eu à intervenir.		
14. Nous ne savons que faire de cette valise.		
15. Nous avons réussi à éviter que le guide ne nous emmène dans les souks.		

● ● ● ● ● ● ● ● ● ● ● ●

La phrase négative : cas particuliers

Il **ne** dit **jamais rien**.

Jamais elle **ne** le comprit.

Je **n**'ai cessé de le répéter.

Non seulement il est parti **mais** en plus il ne reviendra pas.

I. Rappel des différents types de négation

• La négation porte sur le verbe :

Phrase affirmative	Phrase négative	
Temps simple : Elle travaille.	ne + verbe + pas	⇨ Elle **ne** travaille **pas.**
Temps composé : Elle a travaillé.	ne + auxiliaire + pas + participe passé	⇨ Elle **n**'a **pas** travaillé.

• La négation porte sur le sujet ou sur le complément :

Phrase affirmative	Phrase négative	
Il travaille **toujours.** Deux sens : 1. Il continue, il ne s'arrête pas. (Il travaille **encore.**) 2. Il travaille en permanence.	1. ne ... **plus** 2. ne ... **jamais**	⇨ Il **ne** travaille **plus** (Il a arrêté de travailler) ⇨ Il **ne** travaille **jamais.**
Il a **déjà** fini.	Deux possibilités : 1. ne .... **pas encore** 2. ne ... **toujours pas**	⇨ Il **n**'a **pas encore** fini. ⇨ Il **n**'a **toujours pas** fini (insistance).
Je vois **quelque chose**. Je vois **tout**.	ne ... **rien** ne ... **pas tout**	⇨ Je **ne** vois **rien**. ⇨ Je **ne** vois **pas tout**. (Je vois une partie seulement.)
Il est **quelque part**.	ne ... **nulle part**	⇨ Il **n**'est **nulle part**.
Je prends **un** thé, **une** bière, **du** pain, **de la** salade, **de** l'eau, **des** huitres.	ne ... **pas de/d'**	⇨ Je **ne** prends pas **de** thé, **de** bière, **de** pain, **de** salade, **d**'eau, **d**'huitres.
Il a **un** problème. Elle a **quelques** amis.	ne ... **aucun/e** (sans article) ou : ne ... **pas de /d'**	Il **n**'a **aucun** problème. Il **n**'a **pas de** problème (**aucun** est plus fort). Elle **n**'a **aucun** ami.

Attention ! avec le présentatif **c'est** : **C'est du** café italien.	**ce n'est pas un/une/des/du /de la/ de l'**	⇨ Ce **n'est pas du** café italien (l'article est maintenu).
Attention ! avec les verbes exprimant le gout (aimer, adorer,...) : J'aime **le** vin rouge, **la** bière, **les** chocolats,... Je déteste **le** porc.	**ne + verbe de goût + pas le / la / l'/ les**	⎧ Je n'aime **pas le** vin rouge. ⎪ Je n'aime **pas la** bière. ⎨ Je n'aime **pas les** chocolats. ⎩ Je **ne** déteste **pas le** porc.

Remarque : Les deux termes de la négation se placent devant l'infinitif :

> Je lui ai demandé de **ne pas** sortir.

II. Cas particuliers de la négation

1. ne ... ni ... ni

• C'est la forme négative correspondant aux phrases affirmatives avec « ou » ou « et » :

> Je **ne** mange **ni** viande **ni** poisson.
>
> **Ni** toi **ni** moi **ne** pouvons l'aider.

Après **ni ... ni**, il n'y a pas d'article sauf avec les verbes exprimant le goût :

> Je **n'**aime **ni la** viande **ni le** poisson.

• On peut aussi utiliser **ne ... pas de ... ni de** :

> Je **ne** mange **pas de** viande **ni de** poisson.

(sans changement de sens mais la forme **ne ... ni... ni** renforce la négation).

2. sans

C'est la négation d'« avec » et il s'utilise sans « ne » :

• Il s'emploie :

– avec un nom :

> Il est venu **sans sa femme**.

– un pronom :

> Il est venu **sans elle**.

– ou un infinitif :

> Il est resté là **sans bouger**.

• Il se combine sans « ne » à **aucun, jamais, rien, personne** :

> **Sans** aucun doute. / Elle travaille **sans jamais** se plaindre. / Il vit **sans rien** faire. / Il est reparti **sans saluer** personne.

• Il s'emploie avec **ni** :

> J'ai fait un gâteau **sans** beurre **ni** sucre ⇨ sans beurre **et sans** sucre.

• *Remarque :* **sans** est parfois suivi d'un article indéfini :

> Il est entré **sans un** sourire (avec absolument aucun sourire).

3. ne ... nul/le

Cette construction s'utilise dans la négation **ne .. nulle part** mais aussi dans d'autres négations comme :

– ne ... aucun :

Je **n'**ai **nulle** envie de partir. ⇨ Je n'ai aucune envie de partir. (**Nul** s'accorde avec le nom qu'il précède.)

– personne ... ne :

Nul n'est infaillible (phrases à sens général).

4. ne ... guère

Cette construction signifie **ne ... pas beaucoup** :

Je **n'**ai **guère** de place pour vous dans mon bureau (style de langue plutôt soutenu).

5. non et pas

Ils peuvent s'employer seuls dans des tournures marquant l'opposition.

• non :

Il a aimé le film, **moi non**. / Je vous dis que **non**. / Qu'il soit content ou **non**, ça m'est égal.

Il a accepté **non sans** problèmes. ⇨ Il a accepté mais il y a eu des problèmes.

Non seulement il comprend le turc **mais** il le parle bien. ⇨ Il comprend le turc et en plus il le parle.

• pas :

Il a aimé le film, **pas moi** (ou **moi pas**, plus élégant).

Tout était mauvais. **Pas seulement** l'organisation mais **aussi** l'hôtel.

– On y va ? – Pourquoi **pas**.

6. Maintien de l'article

• avec :

– ce n'est pas :

Ce n'est pas du pain, c'est du gâteau.

– ne ... pas un/e ⇨ « un » ou « une » signifient « un seul » ou « une seule » :

Je **n'**ai **pas un** centime !

• Quand on oppose deux noms :

Je ne veux **pas du** vin, je veux du pain !

7. Omission de « pas » dans la langue soutenue et littéraire avec les verbes : oser, savoir, cesser et pouvoir :

Il **ne** cesse de la suivre. / Il **ne** peut se résoudre à l'oublier.

Remarque : Les tournures avec **savoir** sont fréquentes dans la conversation :

Il est parti je **ne sais** où.

8. Combinaisons de négations

• **pas** ne peut pas se combiner avec les autres négations.

• Les pronoms indéfinis à la forme négative :

ne ... aucun ne ... nulle part ne ... personne ne ... rien	se combinent avec :	encore jamais plus

Exemples :

> Il **n'**y a **jamais personne.** / Je **n'**ai **plus aucun** problème,...

• **Jamais** peut se combiner avec **plus** et **encore** :

> Je **ne** ferai **plus jamais** de fautes (**jamais** renforce la promesse).
>
> Je **n'**avais **encore jamais** chanté en public.

• Trois négations peuvent se combiner :

> Il **ne** donne **jamais rien** à **personne.** ⇨ le contraire de : Il donne toujours quelque chose à quelqu'un.
>
> Il **ne** va **jamais nulle part sans** sa femme. ⇨ Il sort toujours avec sa femme.

Remarques **sur l'emploi de « jamais » :**

– Dans un style littéraire, **jamais** se place souvent en début de phrase :

> **Jamais** il ne me **fit** de confidences.

– **Jamais** peut s'employer sans « ne » mais a alors un sens positif :

> Elle est **plus** belle **que jamais.** ⇨ Je ne l'ai jamais vue aussi belle.
>
> **Si jamais** tu te perds, téléphone-moi (renforce le « si » d'hypothèse).
>
> Avez-vous **jamais** pensé à tout quitter ? (tournure interrogative ; langage soutenu et littéraire).

– Combiné au verbe **faire**, il renforce la restriction :

> **Je n'ai jamais fait que** poser une question. ⇨ La seule chose que j'ai faite, c'est poser une question.

III. L'expression de la restriction

1. ne .. que

• Cette construction signifie « **seulement** » :

> Je **ne** lis **que** des policiers. ⇨ Je lis seulement des policiers.

Il s'agit d'une négation partielle (à part des policiers, je ne lis rien), c'est ce qu'on appelle une restriction.

• **À la forme négative :**

> Je **ne** lis **pas que des** policiers. ⇨ Je lis des policiers mais aussi autre chose. Je ne lis pas seulement des policiers.

• *Remarque :* dans les deux cas, l'article est maintenu.

2. n'avoir qu'à + infinitif

• Tu es fatigué ? Tu **n'as qu'à dormir**. ⇨ La seule chose à faire, c'est dormir.

Cette expression très courante sert à donner un conseil et peut être assimilée à une restriction.

• On trouve également la forme impersonnelle :

Il n'y a qu'à partir.

3. Rien ... que

C'est une expression restrictive qui signifie « seulement » et qui s'utilise surtout à l'oral :

• **Rien qu'à + infinitif :**

Rien qu'à la voir, j'ai compris qu'elle était en colère ⇨ Il m'a suffi de la voir pour comprendre qu'elle était en colère.

• **Rien qu' + gérondif :**

Rien qu'en la voyant, j'ai compris qu'elle était en colère (même sens).

• **Rien qu' + à + déterminant + nom :**

Rien qu'à son regard, j'ai deviné qu'elle avait perdu.

●●●

Exercice 1

Mettez les phrases suivantes à la forme négative :

◆ Exemple : J'ai déjà pris quelque chose. ⇨ **Je n'ai encore rien pris.**

1. Quelqu'un m'a laissé un message.

   ⇨ ....

2. J'ai fait quelque chose d'intéressant.

   ⇨ ....

3. Il dit qu'il a toujours quelque chose à faire.

   ⇨ ....

4. Il embrasse toujours tout le monde.

   ⇨ ....

5. Autrefois, j'aimais l'histoire et la géographie.

   ⇨ ....

6. Je prends du sucre et du lait.

   ⇨ ....

7. Ils ont déjà invité quelques personnes à leur mariage.

   ⇨ ....

8. Ce sont des pâtisseries iraniennes.

   ⇨ ....

9. Je dois manger de la viande, du riz, des pommes de terre et du fromage.

   ⇨ ....

Exercice 2

Même exercice :

1. Ils nous ont proposé quelque chose de sympathique pour le weekend.

   ⇨ ....

2. Je vous raconterai encore des histoires drôles si vous aimez ça.

   ⇨ ....

3. Il ira chasser avec son chien (deux possibilités).

   ⇨ ....

4. Je veux vous demander quelque chose.

   ⇨ ....

5. Pourquoi y allez-vous encore ?

   ⇨ ....

6. Laurence est aimée de tous.

   ⇨ ....

7. Cette concierge veut toujours tout savoir sur tout le monde.

   ⇨ ....

8. Avez-vous toujours une adresse e-mail ?

   ⇨ ....

9. J'ai déjà pris toutes les dispositions nécessaires.

   ⇨ ....

10. Qui a déjà visité Paris ?

    ⇨ ....

Exercice 3

Répondez négativement aux questions suivantes en remplaçant les noms par des pronoms quand cela est nécessaire :

◆ Exemple : – Tu as donné quelque chose à Jean-Marc ? ⇨ **– Non, je ne lui ai rien donné.**

1. – Il y a encore des places pour le spectacle ?

   ⇨ – ....

2. – As-tu déjà vu quelqu'un ici ?

   ⇨ – ....

3. – Ils viennent toujours te dire quelque chose de gentil ?

   ⇨ – ....

4. – A-t-il toujours pu faire quelque chose ?

   ⇨ – ....

5. – Tu es anglaise ou américaine, Jodie ?

   ⇨ – ....

6. – Comment as-tu réussi, en trichant ?

⇨ – ....

7. – Il y a encore des glaces dans le congélateur ?

⇨ – ....

8. – Tu as encore pris mes lunettes ?

⇨ – ....

Exercice 4

Remettez les éléments des phrases dans l'ordre :

◆ Exemple : dire/préfère/ne/je/rien ⇨ **Je préfère ne rien dire.**

1. mère/jamais/sans/ne/sa/Pascal/sort

⇨ ....

2. nulle/n'/je/y/ai/toi/d'/envie/sans/aller

⇨ ....

3. a/n'/il/de/de/ni/pas/frères/sœurs

⇨ ....

4. dire/d'/rien/Luc/jamais/à/intéressant/n'/a

⇨ ....

5. l'hôtesse/passagers/pas/de/aux/ne/paniquer/demandé/a

⇨ ....

6. n'/c'/la/la/de/de/confiture/gelée/pas/est/est/ce/

⇨ ....

7. le/guère/n'/je/temps/accompagner/vous/de/ai

⇨ ....

8. a/raison/ne/il/de/dire/vérité/la/n'/aucune/pas

⇨ ....

9. dit/vu/tout/rien/personne/ai/ai/à/mais/n'/je/j'/

⇨ ....

Exercice 5

Complétez le dialogue suivant en utilisant **non** *ou* **pas** *:*

◆ Exemple : Il a accepté **non** sans peine.

Marc :   Louis, j'ai besoin de mille francs ...

Louis :   (**1.**) .... mais, tu me prends pour un milliardaire ?

Marc :   Moi (**2.**) .... mais Lise m'a dit que tu avais gagné aux courses.

Louis :   (**3.**) .... seulement je ne joue pas aux courses mais en plus, je déteste tous les jeux de hasard, (**4.**) .... toi ?

Marc :   Si, si, mais j'ai quand même besoin que tu me prêtes 1 000 F.

Louis :   (**5.**) .... question !

Marc :   Allez, sois sympa !

Louis :   Je t'ai dit que (**6.**) .... ! (**7.**) .... c'est (**8.**) .... !

Marc :   Je suis fauché et j'ai promis d'emmener Virginie au théâtre.

Louis :   Que tu sois fauché ou (**9.**) .... , je ne te prêterai plus d'argent. Tu me dois déjà 2 000 F, (**10.**) .... ?

Marc :   Bon, je crois que je n'ai plus qu'à jouer au loto. Tu me prêtes 10 F ?

Exercice 6

Reliez les phrases suivantes :

◆ Exemple : Je ne peux pas faire plus pour vous. J'en suis désolée.

⇨ **Je suis désolée de ne pas pouvoir faire plus pour vous.**

1. Nous n'avons pas donné votre nom à cet inconnu. Nous en sommes contents.

⇨ ....

2. Je n'ai pas été en mesure de l'aider. Je le regrette.

⇨ ....

3. Les candidats étrangers n'ont pas été retenus. Ils en sont furieux.

⇨ ....

4. Les grévistes ne prennent pas encore de décision. Le syndicat le leur a demandé.

⇨ ....

5. Elle ne devra jamais raconter cette histoire à personne. Il le lui a demandé.

⇨ ....

6. Tu ne t'es pas mêlé de mes affaires. Je t'en remercie.

⇨ ....

7. Vous ne n'avez pas dérangé pendant mon travail. Je vous en remercie.

⇨ ....

8. Vous n'avez pas eu le temps de traiter ce dossier. Je ne vous en veux pas.

⇨ ....

9. Ils ne m'ont pas écouté. Je leur ferai regretter.

⇨ ....

10. Elle ne prend jamais rien ni personne au sérieux. Je la trouve insouciante.

⇨ ....

Exercice 7

*Bertrand et Jean-Paul sont tous deux directeurs d'entreprise. Complétez les phrases décrivant Jean-Paul en les opposant à celles décrivant Bertrand et en utilisant **sans** à chaque fois :*

Bertrand	Jean-Paul
◆ Exemple :	Il assiste aux réunions ...
en prenant des notes	**sans** prendre de notes
	1. Il a été nommé directeur ...
en travaillant beaucoup	....
	2. Il arrive au bureau ...
en saluant tout le monde	....
	3. Il prend son café ...
avec du lait et du sucre	....
	4. Quand il demande quelque chose, c'est toujours ....
avec un sourire	....
	5. Il prend toutes ses décisions ...
après en avoir avisé ses collaborateurs	....
	6. Lorsqu'il y a un cocktail, ...
il vient toujours avec sa femme	....
	7. Son travail ...
est toujours fait avec soin	....
	8. Il est convaincu d'avoir mis fin à la grève ...
en ayant fait des concessions	....
	9. Quand il quittera son équipe, ce sera ...
avec regret	....
	10. Il continue à travailler...
en se souciant de l'avenir des employés.	....

Exercice 8

Complétez les négations de cette lettre de réclamation en utilisant les mots ou groupes de mots de la liste ci-dessus :

◆ Exemple : Il n'y avait **jamais rien** à faire le soir.

nulle part – personne n' – guère – ni de – pas du tout – personne ne – aucune – personne – pas de – sans (deux fois) – toujours pas – plus qu' – jamais (deux fois)

Monsieur,

Mon mari et moi venons d'effectuer une croisière sur Le Pacifica par votre organisme. Je me permets de vous dire tout de suite que nous n'avons (1.) .... apprécié nos vacances. (2.) .... je n'avais vécu une telle horreur auparavant, (3.) .... ! Tout a commencé à l'embarquement au Havre : (4.) .... nous a indiqué notre cabine. (5.) .... nous n'avons trouvé d'hôtesse pour nous montrer le chemin. Après vingt minutes de recherche, nous l'avons trouvée. Une fois à l'intérieur, deuxième surprise : la chambre n'était (6.) .... faite ! (7.) .... draps (8.) .... serviette de toilette ! Enfin, un steward est arrivé et nous a promis de réparer immédiatement l'erreur. En réalité, (9.) .... est venu. Nous n'avions (10.) .... à nous débrouiller seuls. Nous avons parcouru les couloirs du bateau (11.) .... trouver (12.) .... pour nous aider. De nombreux passagers semblaient perdus comme nous.

Quant à la croisière par elle-même, c'était la catastrophe. Il n'y avait (13.) .... d'activités intéressantes dans la journée à part le club de bridge et pratiquement (14.) .... animation le soir. Enfin, les repas étaient infects.

Je vous informe donc qu'une association de consommateurs va intenter une action en justice contre vous. Il est inadmissible que des gens (15.) .... scrupules comme vous continuent à se moquer des gens de la sorte.

Je vous prie d'agréer, Monsieur, mes salutations distinguées.

Exercice 9

Remettez les phrases dans l'ordre :

◆ Exemple : jamais/je/là/problèmes/as/serai/tu/si/des

⇨ **Si jamais tu as des problèmes, je serai là.**

1. sa/jamais/fille/voir/la/revint/ne

⇨ ....

2. intrépides/sont/les/jamais/enfants/plus/que

⇨ ....

3. question/je/fait/jamais/que/n'/poser/ai/une

⇨ ....

4. moindre/réussi/effort/le/il/sans/a/faire/jamais

⇨ ....

5. faites/si/vous/Paris/venez/jamais/à/signe/moi

⇨ ....

● ● ● ● ● ● ● ● ● ● ● ● ●

La mise en valeur d'un élément de l'énoncé

Ce film, je l'ai adoré. **Ce qui** m'a particulièrement plu, **ce sont** les effets spéciaux.
Moi, **c'est** la scène finale **que** j'ai préférée.

La mise en valeur permet de donner plus d'importance à un élément de l'énoncé.

Il y a différentes façons d'obtenir cette mise en valeur :

• En plaçant en tête de phrase l'élément que l'on veut mettre en valeur et en le remplaçant dans la phrase par un pronom :

J'ai vu **ce film** deux fois. ➪ **Ce film,** je l'ai vu deux fois.

Et pourtant, on se fatigue vite **d'un film de trois heures.**

➪ **Un film de trois heures,** on s'**en** fatigue vite.

• En utilisant **c'est (ce sont) .... + pronom relatif**

C'est un film **qui** vient de sortir.

Dans ce film, **ce ne sont** pas les acteurs **que** j'ai aimés, c'est la réalisation.

Remarque : Il ne faut pas confondre la mise en relief et une phrase construite avec un présentatif et une relative.

– Dans le premier cas (mise en relief), s'il y a préposition, elle précède l'élément mis en relief et le pronom relatif est **que** :

Cet acteur a joué dans ce **film.** ➪ C'est dans ce **film que** cet acteur a joué.

– Dans le second cas, la préposition précède ou est incluse dans le pronom relatif :

C'est le **film où** cet acteur a joué. C'est le **film avec lequel** il s'est fait connaitre.

• En utilisant **ce + pronom relatif ...., c'est (ce sont) ....**

Ce qui convient à cet acteur, **ce sont** des films d'action.

Ce que j'admire en lui, **c'est** son élégance.

Remarque : Lorsque le pronom relatif est **dont** ou un pronom relatif composé, il faut garder la préposition :

Je me souviens de son premier film. ➪ Ce **dont** je me souviens, c'est **de** son premier film.

•••

Exercice 1

Mettez en valeur l'élément souligné en le plaçant en tête de phrase :

◆ Exemple : J'ai vu ce film hier. ➪ **Ce film,** je l'ai vu hier.

1. Ce film a eu un prix au festival de Cannes.

➪ ....

2. Les acteurs étaient remarquables.

⇨ ....

3. Je connaissais déjà tous les acteurs de ce film.

⇨ ....

4. Le réalisateur a bien réussi à rendre l'atmosphère de la province française.

⇨ ....

5. Je ne te raconterai pas le film, mais on ne s'attend pas du tout à une telle fin.

⇨ ....

6. Je reverrais volontiers ce film.

⇨ ....

Exercice 2

Complétez les phrases avec **c'est** *ou* **ce sont** *et le pronom relatif* **qui** *ou* **que (qu')** :

1. – Ce film a été présenté au festival de Cannes ?

– Non, ... à la Quinzaine des réalisateurs .... il a été présenté.

2. – Ce n'est pas le public qui l'a remarqué ?

– Non, ... les sélectionneurs .... l'ont d'abord fait connaitre.

3. – Et toi, comment as-tu connu ce film ?

– .... par des amis qui l'avaient vu et .... l'avaient aimé .... j'ai entendu parlé de ce film.

4. – Ils te parlent souvent des films qu'ils voient ?

– Non, ... seulement de ce film .... ils m'ont parlé.

5. – Ils ne t'ont pas parlé d'autres films ?

– Tu sais, ... des amis .... vont rarement au cinéma.

Exercice 3

Transformez les phrases en utilisant **ce** *suivi d'un pronom relatif (avec ou sans préposition), et* **c'est** *ou* **ce sont** :

◆ Exemple : Elle aime les films italiens.

⇨ **Ce qu'**elle aime, **ce sont** les films italiens.

Il s'intéresse au cinéma.

⇨ **Ce à quoi** il s'intéresse, **c'est** au cinéma.

1. Il raffole des films de Woody Allen.

⇨ ....

2. Elle accorde peu d'intérêt à la nouvelle vague.

⇨ ....

3. Il se passionne pour les films de science-fiction.

⇨ ....

4. Ils ont détesté ce film de guerre.

⇨ ....

5. Le cinéma américain lui plaît beaucoup.

⇨ ....

6. Il n'est pas du tout d'accord avec la critique de ce film.

⇨ ....

7. Il aimerait avoir beaucoup plus de temps pour aller plus souvent au cinéma.

⇨ ....

Exercice 4

La publicité utilise souvent la mise en valeur. À partir des phrases suivantes où un élément est mis en valeur, retrouvez la phrase de base :

◆ Exemple : C'est ce produit qui est le meilleur.

⇨ **Ce produit** est le meilleur.

1. « Ce dont vous ne pourrez plus vous passer, c'est de sa blancheur. »

(publicité pour une marque de lessive)

⇨ ....

2. « La Sécu, j'y tiens. »

(campagne de sensibilisation à la Sécurité Sociale)

⇨ ....

3. « C'est elle que j'aime. »

(publicité pour une marque automobile)

⇨ ....

4. « Mon chien, je l'aime, je le protège. »

(campagne de sensibilisation à la vaccination des animaux domestiques)

⇨ ....

5. « Moi, je suis fraiche et ça se voit. »

(publicité pour un déodorant)

⇨ ....

6. « Ce que vous ne voyez pas à l'extérieur, c'est ce qui se passe à l'intérieur. »

(publicité pour un yaourt)

⇨ ....

7. « Moi, c'est pour son efficacité que je l'ai choisie. »

(publicité pour une lessive)

⇨ ....

Exercice 5

Retrouvez la fin du proverbe :

1. C'est en forgeant
2. C'est dans les vieilles marmites
3. C'est au pied du mur
4. Ce sont les tonneaux vides
5. C'est dans l'adversité
6. C'est obliger deux fois
7. C'est la plume
8. C'est être fou
9. Ce sont toujours les cordonniers
10. Ce n'est pas au vieux singe

A. qu'on reconnait ses amis.
B. que d'être sage contre l'usage.
C. qu'on fait les meilleures soupes.
D. qui sont les plus mal chaussés.
E. qu'on voit le maçon.
F. qui fait l'oiseau.
G. qu'on apprend à faire des grimaces.
H. qu'obliger promptement.
I. qui font le plus de bruit.
J. qu'on devient forgeron.

1	2	3	4	5	6	7	8	9	10

● ● ● ● ● ● ● ● ● ● ● ●

La mise en valeur (II)

Baisse des taux d'intérêt ! La baisse des taux d'intérêt **a été décidée**
par le ministère des Finances.

Nominalisation et transformation passive

Nominalisation et transformation passive permettent d'obtenir la mise en valeur.

• **La nominalisation** met l'information importante en valeur :

– soit sous la forme de phrases nominales (comme les titres de journaux) :

> Les impôts vont **augmenter** prochainement.
>
> ⇨ Prochaine **augmentation** des impôts.

– soit en faisant passer l'élément nominalisé en tête d'énoncé :

> On prévoit que les impôts **augmentent.**
>
> ⇨ L'**augmentation** des impôts est prévue.
>
> Que les impôts **augmentent** est prévu.
>
> ⇨ L'**augmentation** des impôts est prévue.

• **La transformation passive** permet de mettre un élément en valeur en le plaçant en tête d'énoncé.

> Les parlementaires ont voté l'augmentation des impôts.
>
> ⇨ L'augmentation des impôts **a été votée** par les parlementaires.

Remarque :

> Le complément d'agent peut être absent, mais ne peut pas être un pronom personnel :
>
> On a augmenté les impôts. ⇨ Les impôts ont été augmentés.
>
> Ils ont augmenté les impôts. ⇨ Les impôts ont été augmentés.

Le complément d'agent peut être introduit par **de** avec des **verbes de mouvement** (entourer, suivre), **de sentiment** (aimer, haïr, adorer, respecter, détester, estimer, ...), **de connaissance** (connaitre, ignorer, oublier), **de « décoration »** (orner, décorer, parer, agrémenter, enjoliver, garnir,...).

De introduit un complément d'agent qui ne manifeste pas une intention, une volonté délibérée de faire l'action :

> La plaine est couverte **de** neige.

alors que **par** introduit un complément d'agent responsable de l'action :

> Les frais sont couverts **par** l'assurance.

Les deux prépositions peuvent se rencontrer dans la même phrase :

> L'enfant est enveloppé **d'**une couverture **par** sa mère.

Exercice 1

Trouvez des titres :

◆ Exemple : Le projet de loi a été présenté au parlement.

⇨ **Présentation** du projet de loi au parlement.

1. La grève se poursuit à la SNCF.

   ⇨ ....

2. La délinquance a augmenté de 10%.

   ⇨ ....

3. Scandale des emplois fictifs : un maire a été mis en accusation.

   ⇨ ....

4. Record de froid : la température a chuté de quinze degrés pendant la nuit.

   ⇨ ....

5. Le chef de l'État italien est arrivé aujourd'hui à Paris.

   ⇨ ....

6. Crue du siècle : les riverains ont été évacués.

   ⇨ ....

7. Le nouveau vaccin n'est pas autorisé en France.

   ⇨ ....

8. Un avion explose en plein vol.

   ⇨ ....

9. Deux dangereux prisonniers se sont évadés.

   ⇨ ....

10. L'ancien ministre de l'Intérieur est décédé la nuit dernière.

    ⇨ ....

11. Les étudiants manifestent contre le projet de réforme de l'université.

    ⇨ ....

12. Le couple princier divorce.

    ⇨ ....

Exercice 2

Transformez les phrases en utilisant la nominalisation pour mettre en valeur l'élément souligné :

◆ Exemple : J'ai été surpris que Pierre soit <u>malade</u>.

⇨ **La maladie** de Pierre m'a surpris.

1. Il n'est pas surprenant qu'il <u>ait échoué</u> au baccalauréat.

   ⇨ ....

2. Qu'il soit <u>timide</u> n'est pas nouveau.

   ⇨ ....

3. On demande depuis longtemps que les banques soient <u>ouvertes</u> le samedi.

⇨ ....

4. Il n'est pas impossible que la CSG (Contribution Sociale Généralisée) soit <u>supprimée</u>.

⇨ ....

5. Les grévistes ont demandé que leur salaire soit <u>augmenté</u>.

⇨ ....

6. Les étudiants étrangers avaient souhaité que l'orthographe française soit <u>réformée</u>.

⇨ ....

7. Il n'est actuellement pas envisageable que de nouveaux crédits soient <u>octroyés</u> à cette entreprise.

⇨ ....

8. Qu'il <u>refuse</u> de discuter n'est pas admissible.

⇨ ....

9. Le directeur a annoncé que le tabac serait complètement <u>interdit</u> dans tout l'établissement.

⇨ ....

10. Cela ne fait aucun doute qu'il sera <u>victorieux</u> dans la prochaine course.

⇨ ....

Exercice 3

Répondez aux questions en utilisant le passif :

◆ Exemple : On t'a bien transmis mon message ? ⇨ Oui, ton message m'a bien **été transmis.**

1. – Bonjour Pierre. C'est vrai qu'on t'a volé ta voiture la semaine dernière ?

⇨ – Oui, ma voiture ....

2. – On ne l'a toujours pas retrouvée ?

⇨ – Non, elle ....

3. – Ce n'est vraiment pas de chance. Est-ce que tu ne venais pas de faire repeindre ta voiture ?

⇨ – Oui, elle ....

4. – Mais tu es assuré. Ton assurance couvre le vol ?

⇨ – Oui, heureusement que le vol ....

5. – Si on la retrouve, c'est la police qui t'avertira ?

⇨ – Oui, je ....

Exercice 4

*Complétez les phrases avec **de** ou **par** :*

1. La table a été ornée .... fleurs.   La table a été ornée .... Marie.

2. Le soldat est décoré .... le général.   Le soldat est décoré .... la médaille militaire.

3. La ville est entourée .... collines.   La ville a été encerclée .... les ennemis.

4. Le cours a été suivi .... un débat.   Le cours a été suivi .... les étudiants.

Exercice 5

Même exercice :

1. La Communauté européenne était composée à l'origine .... six pays.

2. La neuvième symphonie a été composée .... Beethoven.

3. Cette écologiste est animée .... bons sentiments.

4. Le séance est animée .... le présentateur.

5. Le bébé est bordé .... sa mère.

6. La rivière est bordée .... arbres.

7. Toute la soirée, il a été ignoré .... son amie.

8. Cette histoire est ignorée .... tous.

9. Le code de la route n'a pas été respecté .... ce conducteur.

10. Cette enseignante est respectée .... ses collègues.

Exercice 6

En transformant ces phrases en phrases nominales, retrouvez des titres d'œuvres littéraires françaises :

◆ Exemples : Des bêtes dialoguent (sans article) ⇨ ***Dialogues*** *de bêtes* (Colette)

            Les carmélites dialoguent (avec article) ⇨ *Le **dialogue** des carmélites* (Bernanos)

1. Un enfant du siècle se confesse (sans article)

⇨ ....(Alfred de Musset)

2. Les anges se révoltent (avec article)

⇨ ....(Anatole France)

3. L'enfant prodigue revient (avec article)

⇨ ....(Gide)

4. Saint Antoine est tenté (avec article)

⇨ ....(Flaubert)

5. Un étudiant pauvre se souvient (sans article)

⇨ ....(Jules Vallès)

6. La nuit finit (avec article)

⇨ ....(Mauriac)

7. Le loup meurt (avec article)

⇨ ....(poème d'Alfred de Vigny)

8. Figaro se marie (avec article)

⇨ ....(Beaumarchais)

9. L'abbé Mouret a fauté (avec article)

⇨ ....(Zola)

10. Le jour naît (avec article)

⇨ ....(Colette)

● ● ● ● ● ● ● ● ● ● ● ● ●

LES
·····
PRÉPOSITIONS

à, dans, en, sur

J'ai vu un bon reportage **sur** la Guadeloupe **à** la télévision, **sur** la trois.

Il revient **dans** une semaine.

Nous sommes venus **en** train.

	à	dans	en	sur
• Pour indiquer un lieu				
ville	J'habite **à** Caen. (exceptions : au Mans, au Havre, au Caire)	Il s'est promené **dans** Paris. (lieu délimité)	Van Gogh a vécu **en** Arles. (exceptionnel, aussi : en Avignon)	Je suis **sur** Paris. (surtout dans la langue parlée)
pays et continents[1]	Pays masculins : **au** Japon, **au** Danemark, **aux** États-Unis		Pays et continents féminins : **en** Italie, **en** Tunisie, **en** Afrique	
régions[2]	**au** Pays basque	**dans** le Pays basque, **dans** la région Rhône-Alpes	**en** Bretagne, **en** Bourgogne	Sert à délimiter une zone de travail : **sur** l'ile-de-France
départements[2]		**dans** la Drôme, **dans** le Doubs	**en** Dordogne, **en** Vendée	
iles	**à** la Réunion, **à** Madagascar, **à** l'ile de Ré	**dans** l'ile de Ré	**en** Corse, **en** Guadeloupe	J'ai une maison **sur** l'ile d'Aix.
autres lieux	**à** l'école, **au** cinéma	**dans** la cuisine, **dans** la rue	**en** forêt, **en** ville	**sur** la route, **sur** les quais, **sur** la table, une vue **sur** la mer, avec vue **sur** mer
• Pour indiquer le temps				
l'heure et la date	**à** huit heures, **au** mois d'aôut	**dans** trois minutes (action future)	**en** mai, **en** 1999, **en** l'an 2000	
la saison	**à** l'automne, **au** printemps	**dans** l'été	**en** été, **en** automme, **en** hiver	

la durée			Je l'ai fait **en** une heure.	
autres[3]		**dans** la semaine (opposé à weekend ou semaine définie)	**en** semaine (opposé à weekend)	expression : « **sur** le champ » (tout de suite)
• Pour indiquer l'approximation				
		Il a **dans** les 50 ans.		Il va **sur** ses 30 ans.
• Pour indiquer la matière				
		Cette statue a été taillée **dans** un bois exotique.	**en** bois, **en** verre, **en** papier (ou de bois, ...)	
• Pour indiquer le moyen de transport				
	Je circule **à** bicyclette.	J'ai vu Josiane **dans** le métro.	Je suis venu **en** métro.	
• Pour indiquer la manière ou un état				
	acheter **à** crédit, **à** la française (à la = à la manière des Français	Il est entré **dans** une colère noire. (la colère est spécifiée : noire)	Elle est **en** colère. Nous partons **en** famille.	
• Pour indiquer la cause				
	À fumer autant, il se ruine la santé.		Il est tombé **en** skiant hors piste	

Remarques :

1. Les noms de pays sont généralement féminins.

Les pays sont masculins quand ils se terminent par une consonne et par -a, -i, -o (sauf la Haute-Volta).

Pluriel : Je vais **aux** États-Unis et **aux** pays-Bas. Mais on emploie **en** devant une voyelle : en Iran, en Israël.

Pour les États des États-Unis, on emploie :

• **en** :

– devant les noms d'États féminins (ceux se terminant par -e, sauf Le Maine) : **en** Floride, ...

– devant certains noms d'États commerçant par une voyelle : **en** Alabama, **en** Alaska, ...

• **dans le** devant les noms d'États masculins : **dans le** Connecticut, **dans le** Maryland, ... (**au** est plus rare : **au** Texas, **au** Kansas, ...)

2. Voir le genre des départements et des régions en annexe, p. 84.

3. De nombreuses expressions changent selon l'emploi de **en** ou de **dans** :

Je suis venue **en** train. J'ai rencontré Valérie **dans** le train.

Exercice 1

Mettez les prépositions qui conviennent devant ces noms de villes, de départements, de régions de France ; ajoutez un article si nécessaire :

◆ Exemple : Anne est en vacances **en** Provence.

1. J'ai acheté du miel .... Drôme, chez un apiculteur traditionnel.

2. Nous avons loué un gite rural .... Doubs mais nous n'y resterons qu'une semaine, ensuite nous irons voir mes parents qui habitent .... Vesoul, ... Haute-Saône.

3. De nombreuses énigmes du commissaire Maigret, le héros de Georges Simenon, se passent .... Bretagne, ... Finistère.

4. Si tu vas .... Gers, je te donnerai l'adresse d'un producteur de foie gras.

5. Lionel a fait son service militaire .... Brive-la-Gaillarde .... Corrèze.

6. Je connais une petite station de ski très sympa .... Alpes où je vais chaque année en famille.

7. L'an dernier, nous avons fait une semaine de randonnée .... Haute-Savoie, cette année, nous irons .... Jura ou bien .... Auvergne.

8. Nous avons fait un périple intéressant .... Provence. Nous avons visité le Palais des Papes .... Avignon et nous avons acheté des Calissons .... Aix-en-Provence.

9. Il est allé .... Mans assister aux 24 heures.

10. J'ai voyagé .... Brest .... Besançon et .... La Rochelle jusqu' .... Avignon. (chanson)

11. Je n'ai plus envie d'aller .... Corse, je préfère aller .... Antilles, ... Saint-Barthélémy ou .... Martinique.

12. Elles habitent .... Deux-Sèvres, mais tous les jours elles viennent travailler .... La Rochelle .... Charente-Maritime.

13. – J'aimerais aller .... Bourges, au Festival mais où est-ce ?

– C'est .... Cher, ... région Centre.

14. – Dax est .... Hautes-Pyrénées ou .... Pyrénées-Atlantiques ?

– Ni l'un ni l'autre, c'est .... Landes. C'est une jolie ville thermale.

15. Il paraît qu'il y a beaucoup d'entreprises .... région Provence-Alpes-Côte-d'Azur. Oui, c'est vrai et on dit souvent PACA pour simplifier.

16. Rabelais naquit .... Chinon .... Indre-et-Loire en 1494.

Exercice 2

Mettes les prépositions qui conviennent devant ces noms de ville et de pays, ajoutez un article si nécessaire :

◆ Exemple : Pedro vit **au** Chili, **à** Santiago.

1. Mon ami architecte m'a montré les plans d'un village moderne .... Côte-d'Ivoire, ... Abidjan.

2. Jeff a vécu .... Cap, ... Afrique du Sud.

3. Je connais bien la côte Est des États-unis. Je suis allé .... Floride, ... Géorgie, ... Caroline du Sud, ... Caroline du Nord, ... Virginie, ... Ohio, ... Pennsylvannie, ... Vermont et .... Maine.

4. Vous pouvez faire de la plongée .... Guadeloupe, ... Égypte, ... Cuba, ... Nouvelle-Calédonie mais aussi .... Maldives, ... Maurice ou .... Madagascar.

5. Il est allé plusieurs fois .... Afrique du Nord, ... Tunisie et .... Maroc mais pas encore .... Sénégal ni .... Mali.

6. Maria est née .... Portugal, Jens .... Danemark, Francesco .... Italie et moi .... France.

Exercice 3

Complétez par **à**, **dans**, **en** *ou* **sur**, *et ajoutez un article si nécessaire :*

◆ Exemple : Vous pourrez visitez l'ile **en** minibus et faire des ballades **à** dos d'âne.

1. Les chambres :

Votre chambre a un accès direct .... mer ou .... jardins.

Les chambres sont construites .... pilotis et toutes sont décorées .... l'orientale. Les plafonds sont .... bois finement travaillé. La climatisation est installée .... chaque pièce.

Attention, les chambres « vue .... mer » sont .... très petit nombre et doivent être réservées longtemps .... l'avance.

2. Les repas :

Si vous choisissez de séjourner .... demi-pension avec diner le soir, deux possibilités s'offrent .... vous : service .... table ou buffet .... thème. Possibilité de prendre le repas de midi, ... régler sur place.

3. Les loisirs et animations :

Notre équipe d'animation sera .... votre disposition et vous proposera diverses activités sportives .... club : tir .... arc, planche .... voile. .... dehors du club : randonnées .... montagne ou .... vallée, promenades sportives .... plage, journées .... catamaran et .... bateau .... fond transparent. Le soir, spectacles .... différents thèmes et toujours .... ambiance chaleureuse.

Exercice 4

*Complétez par **en** ou **dans** en ajoutant l'article quand cela est nécessaire :*

◆ Exemple : Nous y allons **en** avion. Il fait chaud **dans** l'avion.

En tête ou dans la tête ?

1. Qu'est-ce qu'il a .... tête pour arriver si tôt ?

2. En tombant, il s'est fait un trou .... tête.

3. J'ai cette chanson .... tête depuis que je l'ai entendue à la radio ce matin.

4. Il a une idée qui lui trotte .... tête.

5. Tiens, il y a le 100 mètre féminin à la télévision. C'est Marie-José Perec qui est .... tête.

6. J'ai mon billet de train, je suis .... tête de train.

En train ou dans le train ?

7. Quand vous serez .... train, essayez de trouver le contrôleur.

8. Vous ne pourrez par rejoindre cette ville autrement qu' .... train.

Exercice 5

*Complétez par **à**, **en**, **dans**, **sur**, en ajoutant l'article quand cela est nécessaire :*

◆ Exemple : J'aurai fini ce tableau **dans** deux jours.

1. Ce serveur est exceptionnellement rapide. Il nous a servis .... deux minutes.

2. Je prendrai du temps .... mes vacances pour travailler un peu le piano.

3. J'ai rendu mes devoirs .... temps et .... heure.

4. J'ai adoré ce livre. Je l'ai lu .... trois jours.

5. Vous voudrez bien nous retourner ce document .... plus brefs délais.

6. Je te prête ma calculette mais tu me la rendras .... champ.

7. Il fait plus chaud .... printemps ou .... automne ?

● ◉ ● ◉ ● ◉ ● ◉ ● ◉ ● ◉ ● ◉

en ou dans devant les régions et les départements français

Les régions sont en caractères gras

L'Alsace	en	**Le Limousin**	dans le
Le Bas-Rhin	dans le	La Corrèze	en
Le Haut-Rhin	dans le	La Creuse	dans la
		La Haute-Vienne	en
L'Aquitaine	en	**La Lorraine**	en
La Dordogne	en	La Meurthe-et-Moselle	en
La Gironde	en	La Meuse	dans la
Les Landes	dans les	La Moselle	en
Le Lot-et-Garonne	dans le	Les Vosges	dans
Les Pyrénées-Atlantiques	dans les		
L'Auvergne	en	**La région Midi-Pyrénées**	dans la
l'Allier	dans l'	L'Ariège	dans l'
le Cantal	dans le	L'Aveyron	dans l'
La Haute-Loire	en	La Haute-Garonne	en
Le Puy-de -Dôme	dans le	Le Gers	dans le
		Le Lot	dans le
		Les Hautes-Pyrénées	dans les
		Le Tarn	dans le
		Le Tarn-et-Garonne	dans le
La Bourgogne	en	**La région Nord-Pas-de-Calais**	dans la
La Côte-d'Or	dans la	Le Nord	dans le
La Nièvre	dans la	Le Pas-de-Calais	dans le
La Saône-et-Loire	en		
L'Yonne	dans l'		
La Bretagne	en	**La Basse-Normandie**	en
Les Côtes-d'Armor	dans les	Le Calvados	dans le
Le Finistère	dans le	La Manche	dans la
L'Ile-et-Vilaine	en	L'Orne	dans l'
Le Morbihan	dans le		
La Région Centre	dans la	**La Haute-Normandie**	en
Le Cher	dans le	L'Eure	dans l'
L'Eure-et-Loire	dans l'	La Seine-Maritime	en
L'Indre	dans l'		
L'Indre-et-Loire	en		
Le Loir-et-Cher	dans le		
Le Loiret	dans le		
La Champagne-Ardenne	dans la	**Les Pays-de-la-Loire**	dans les
L'Aube	dans l'	La Loire Atlantique	en
Les Ardennes	dans les	Le Maine-et-Loire	dans le
La Marne	dans la	La Mayenne	dans la
La Haute-Marne	en	La Sarthe	dans la
		La Vendée	en
La Corse	en	**La Picardie**	en
La Corse-du-Sud	en	L'Aisne	dans l'
La Haute-Corse	en	L'Oise	dans l'
		La Somme	dans la
La Franche-Comté	en	**Le Poitou-Charentes**	en
Le Doubs	dans le	La Charente	en
Le Jura	dans le	La Charente-Maritime	en
La Haute-Saône	en	La Vienne	dans la
Le Territoire de Belfort	dans		
L'Ile-de-France	en	**La région Provence-Alpes-Côte-d'Azur**	dans la
La ville de Paris	dans la	Les Alpes-de-haute-Provence	dans les
Les Yvelines	dans les	Les Hautes-Alpes	dans les
L'Essonne	dans l'	Les Alpes-Maritimes	dans les
Les Hauts-de-Seine	dans les	Les Bouches-du-Rhône	dans les
La Seine-Saint-Denis	en	Le Var	dans le
Le Val-de-Marne	dans le	Le Vaucluse	dans le
Le Val-d'Oise	dans le		
La Seine-et-Marne	en		
Le Languedoc-Roussillon	dans le	**La région Rhône-Alpes**	dans la
L'Aude	dans l'	L'Ain	dans l'
Le Gard	dans le	L'Ardèche	en
L'Hérault	dans l'	La Drôme	dans la
La Lozère	en	L'Isère	dans l'
Les Pyrénées-Orientales	dans les	La Loire	dans la
		Le Rhône	dans le
		La Savoie	en
		La Haute-Savoie	en

par / pour - par / de

Marjorie est venue **par** amitié pour toi.
Il a été éliminé **pour** avoir triché.
J'apprends le français **pour** le plaisir.
Il s'est trompé **de** 200 francs.

I • par :

1. La préposition **par** peut indiquer :

• **le lieu :**

> Le chat est entré **par** la fenêtre (l'endroit par lequel il est passé).

• **le moyen :**

> Nous avons réglé l'affaire **par** téléphone.

• **l'unité :**

> Je vais au cinéma une fois **par** semaine.

Remarques :

– **par** marquant l'unité se construit sans article (par semaine, par personne,...) ;

– cas des unités de mesure (litre, mètre,...) : **par** est omis et il est souvent remplacé par l'article défini :

> Le lait coute trois francs **le litre**, ce tissu coute 70 francs **le mètre**, ...

– cas de « pièce » :

> Ces melons coutent dix francs **la pièce.** Ou : Ces melons coutent dix francs **pièce.**

– cas de « heure » :

> Il gagne 60 francs **par heure.** Ou : Il gagne 60 francs **de l'heure**.
> Mais on dira : Il est payé **à** l'heure.

• **la cause :**

> Il l'a mis à la porte **par** jalousie. ⇨ parce qu'il était jaloux (par + nom sans article).

Remarque : Il existe de nombreuses locutions construites de la même manière mais n'exprimant pas forcément la cause : par ailleurs, par avance, par exemple, faire par habitude (mais « avoir pour habitude de faire »), par hasard, par ici, par là, par terre, ...

2. À la **voix passive**, **par** se place avant le complément d'agent (celui qui fait l'action) :

> J'ai été opéré par le docteur Garsette. ⇨ Le docteur Garsette m'a opéré (voix active).

3. Certains verbes sont suivis de la préposition **par** et indiquent le **commencement** ou la **fin d'une action** :

> Nous avons **commencé** le diner **par** un potage. / Nous avons **terminé par** une charlotte aux poires.

Exemples de verbes :

– commencer par, débuter par, introduire par, ...

– finir par, terminer par, conclure par, achever par, ...

II • par et pour :

	par	pour
La cause Elle peut être exprimée par : • un nom sans article • un nom précédé d'un article • un verbe à l'infinitif	• Il est silencieux **par** timidité.	• Le magasin est fermé **pour** inventaire. • Elle a raté l'examen **pour une** faute éliminatoire. Je suis là **pour le** plaisir. • Il a été emprisonné **pour avoir** critiqué le gouvernement.
Le but		J'explique **pour que** vous compreniez. Je suis venu **pour** prendre le thé.
Le lieu	... où l'on passe : Il est passé **par** Arles.	... de destination : Il part **pour** Nîmes.

Remarque : il existe également des expressions figées avec **pour** :

– passer pour :

    Si tu ne réponds pas à ces critiques, tu vas **passer pour** un faible. ⇨ On va penser que tu es un faible.

– prendre quelqu'un pour :

    En Italie, on m'a **pris pour** un Italien. ⇨ Les gens ont pensé que j'étais italien mais je ne le suis pas.

III • de

1. verbe + de + nom

Cette structure indique :

• Le lieu d'où l'on vient :

    Je viens **de** Toulouse.

• La cause : verbe + de + nom :

    Je saute **de** joie.

• Le moment :

    Nous préférons voyager **de** jour.

• La manière : verbe + de + article + nom :

    Il crie **d'une manière insupportable**.

• La précision d'une quantité chiffrée :

    Il a maigri **de** 10 kilos.

2. nom + de + nom

Cette structure indique :

• l'appartenance :

    C'est le chien **de** Joëlle.

• La classification :

    Un livre **de** lecture, un vélo **de** course.

• La matière :

    Un manteau **de** fourrure.

• La quantité :

    Un kilo **de** pommes.

3. être + adjectif + nom ou infinitif est une construction courante :

> Je suis heureux **d'**être parmi vous.
>
> Je suis content **de** ma voiture.

Formes impersonnelles :

> Il est important **de** rester.
>
> Il est nécessaire **de** partir.

4. Beaucoup de verbes sont construits avec « de » : essayer de, finir de, parler de,...

Exercice 1

*Complétez avec **par** ou **pour** :*

◆ Exemple : Il nous a invités **par** convenance.

1. J'ai choisi cet appartement surtout .... sa clarté.

2. Cela suffira .... nous deux.

3. Il vole .... nécessité.

4. John est actuellement à Rio de Janeiro .... affaires.

5. Je vous enverrai les documents .... e-mail.

6. Julie est trop petite .... avoir une montre. Elle ne sait même pas lire l'heure.

7. Elle a arrêté de travailler .... amour .... son mari.

8. .... l'amour de Dieu, cessez de m'importuner.

9. Après un long silence, il a fini .... me dire la vérité.

10. Franck ne s'est pas vanté de son succès, sans doute .... pudeur.

Exercice 2

Même exercice :

1. Les étudiants ont fini .... accepter leur nouveau professeur.

2. Je me dépêche de finir .... être à l'heure à mon rendez-vous.

3. C'est Jean-Luc qui a été désigné .... faire la vaisselle.

4. J'aimerais commencer .... vous dire que je suis très honoré d'être parmi vous.

5. J'ai perdu trois heures .... être allé voir Christine qui n'était pas chez elle et revenir chez moi.

6. Madame Delmas fait des sacrifices .... offrir des études supérieures à ses quatre fils.

7. J'ai commencé .... ne rien comprendre pendant la première semaine mais maintenant tout va bien.

8. Que faut-il faire .... vous convaincre de ne pas prendre la route .... un tel brouillard ?

9. Le chanteur s'est hâté de sortir de scène .... éviter les tomates.

10. Et si nous nous arrêtions un instant .... nous reposer ?

Exercice 3

*Complétez avec **par**, **pour** ou **de** :*

◆ Exemple : C'est une maison **de** 400 mètres carrés.

1. Si vous multipliez 55 .... 12, qu'obtenez-vous ?

2. Je suis payé .... mois et non .... semaine.

3. Ce bébé est adorable, il gazouille .... joie.

4. Les œufs peuvent s'acheter .... six.

5. Où est le rayon de la nourriture .... animaux ?

6. Je vais dans ce salon de thé .... habitude.

7. J'ai .... habitude de ne pas me laisser monter sur les pieds.

8. La baguette a augmenté .... 20 centimes.

9. Non mais dites donc, vous me prenez .... un imbécile !

10. Le voleur est entré chez les retraités en se faisant passer .... un agent des postes.

Exercice 4

Même exercice :

Excursion en Asie

1. Tôt le matin, départ .... Damnoen Saduak, marché flottant coloré.

2. Poursuite du parcours .... la route jusqu'à Kanchanaburi où vous admirerez le fameux pont de la rivière Kwaï.

3. Vol .... Mae Hong Son. Route .... montagne et visite .... un village typique.

4. Promenade à dos .... éléphant dans la forêt tropicale.

5. Départ en pirogue à travers les canaux .... rejoindre la résidence royale d'été.

6. Vous poursuivrez vers le parc .... la route.

7. Vous dégusterez les langoustes à peine sorties .... l'eau .... les pêcheurs.

8. Après-midi libre .... découvrir la ville .... vous-même.

9. Vous terminerez .... une cérémonie typique.

10. Transfert à l'aéroport .... le vol .... retour.

Exercice 5

*Complétez avec **par**, **pour** ou **de** :*

◆ Exemple : Les oiseaux arrivaient **de** partout.

1. Je suis descendu .... l'escalier, comme tout le monde.

2. Je l'ai su .... le plus grand des hasards.

3. Quand je l'ai vu, il était en compagnie .... une jolie brune.

4. .... moi, il vaut mieux s'en aller.

5. Ce n'est pas .... jalousie qu'il a mis le feu à la maison mais .... démence passagère.

6. Il a été arrêté .... conduite en état d'ivresse.

7. J'ai mis ce pansement .... ne pas avoir mal au pied.

8. Le maire a été destitué de ses fonctions .... s'être servi dans les caisses de la commune.

9. Nous nous joindrons à vous .... solidarité.

10. Il s'est comporté .... manière intolérable.

Exercice 6

Même exercice :

1. J'ai raté mon permis de conduire .... une idiotie.

2. Il faut conduire prudemment .... temps de pluie.

3. Le tyran sera jugé .... crime contre l'humanité.

4. C'est trop beau .... être vrai.

5. Il est passé .... ici, il repassera .... là (chanson enfantine).

6. Salomé rêve d'avoir une robe .... princesse .... Noël.

7. Ce film est criant .... vérité.

8. Tu es gentil d'être venu .... ce temps.

9. .... la peine, je vais te faire un bon déjeuner.

10. Si l'on divise douze .... quatre, combien cela fait-il ?

Exercice 7

Même exercice :

1. Il ment .... méchanceté.

2. Tu réussis .... ton travail acharné.

3. Elle sourit .... hypocrisie.

4. Nous vous aidons .... vous remercier.

5. Ils travaillent dur .... leur salaire.

6. Je persévère .... réussir.

7. Vous êtes pleins .... reconnaissance.

8. Il part .... Nice .... tout oublier.

9. Il n'utilise jamais le subjonctif .... paresse.

10. Je démissionne .... des raisons personnelles.

Exercice 8

Même exercice :

1. Les couturières étaient payées .... pièce et non .... l'heure.

2. Il gagne 200 KF. C'est-à-dire 200 000 francs .... année.

3. On écrit toujours « .... » avion sur les lettres qu'on envoie loin.

4. Nous voyageons .... TGV mais toujours .... de courts séjours.

5. Mon frère jumeau s'amuse à se faire passer .... moi.

6. Venez au moins .... politesse.

7. Il s'envole .... une destination inconnue.

8. J'ai opté .... des vacances à la montagne cette année.

9. Le potier a mis un an .... faire les six bols que je lui avais commandés.

10. Que faites-vous .... Pâques ?

11. .... crainte de nouveaux conflits dans la famille, il n'est pas venu chez ses parents.

12. Personne ne m'a adressé la parole. J'ai vraiment l'impression de compter .... du beurre.

13. Il est .... ainsi dire arrivé au sommet.

14. Ce traitement a eu .... effet .... me couper l'appétit.

15. En randonnées en montagne, arrêtez-vous .... moments .... vous reposer et .... vous désaltérer.

16. Il faut maintenant prendre le taureau .... les cornes.

● ● ● ● ● ● ● ● ● ● ● ● ● ●

pendant, en, pour, dans : expression de la durée

Nous avons discuté **pendant** une heure.

Il a traduit la lettre **en** dix minutes.

Je pars à Dijon **pour** deux jours.

Les prépositions **pendant**, **en** et **pour** peuvent exprimer la durée dans des contextes différents.

I - pendant et en

Pendant indique la durée d'une action alors que **en** donne en plus à l'action une valeur d'accompli. **En** indique le temps mis pour achever une action spécifique.

	pendant	en
Emploi	durée de l'action	temps mis pour achever l'action
Exemples	J'ai fait le tour du lac **pendant** une heure.	J'ai fait le tour du lac **en** une heure.
Sens	insiste sur la durée (une heure de marche) mais non sur le résultat ⇨ J'ai peut-être fait plusieurs fois le tour du lac.	insiste sur la durée (une heure) et sur l'accomplissement de l'action ⇨ J'ai fait un seul tour complet.

Cette différenciation est valable quel que soit le temps de la phrase, exemples :

– Présent :

Chaque jour, je lis la presse **pendant** une heure.

Chaque jour, je déjeune **en** 15 minutes.

– Passé composé :

Hier, j'ai lu la presse **pendant** une heure.

Hier, j'ai déjeuné **en** 15 minutes.

– Futur simple :

Demain, je lirai la presse **pendant** une heure.

Demain, je déjeunerai **en** 15 minutes.

II - pendant et pour

• **Pendant** indique la durée d'une action et le locuteur se réfère à la fin de l'action (l'action est écoulée).

• **Pour** indique aussi la durée d'une action mais le locuteur se situe au début de l'action (l'action n'est pas encore écoulée). Il s'agit de l'estimation de la durée, d'un projet.

	pendant	pour
Emploi	durée de l'action ————————————▶ | Référence du locuteur	temps mis pour achever l'action | ————————————▶ Référence du locuteur
Exemples	Je suis resté à Londres **pendant** une semaine.	Je suis allé à Londres **pour** une semaine mais je suis rentré au bout de deux jours.
Sens	une semaine ⇨ durée effective de mon séjour	une semaine ⇨ durée prévue de mon séjour

Cette différenciation est également valable à tous les temps, exemples :

– présent :

Je reste à Paris **pendant** deux jours (évaluation de la durée).

Je suis ici **pour** deux jours (évaluation du terme de la durée).

– passé composé :

J'ai lu **pendant** une heure.

Je me suis installé à l'hôtel **pour** trois jours.

– futur simple :

Je travaillerai **pendant** une heure et je partirai.

Je m'inscrirai au club de sport **pour** un mois.

III - Omission de pendant

Pendant peut parfois être omis mais reste sous-entendu. Il faut que la durée soit chiffrée ou précisée (quelques, plusieurs,...) et celle-ci est placée généralement juste après le verbe :

Il a travaillé **un an** au Mexique. ⇨ Il a travaillé **pendant un an** au Mexique.

Ou : Il a travaillé au Mexique **pendant un an**.

Remarques :

– On dira un an, deux ans,... mais quelques années, plusieurs années,...

– **Pendant** est remplacé par **de** dans les tournures négatives du type :

Je n'ai rien mangé **de la journée**. Il n'a pas fumé **de la semaine**,...

IV - dans

Dans indique :

• Le temps qui sépare le locuteur d'une action future :

Je te téléphonerai **dans** une semaine.

• Un espace-temps pendant lequel une action a lieu sans précision exacte du moment :

Je lui téléphonerai **dans** la journée.

V. dans, pendant et en

• Je téléphonerai à Gilbert **dans** la matinée. ⇨ à un moment non défini entre le début et la fin de la matinée mais l'action ne dure pas toute la matinée.

• J'ai fait le ménage **pendant** toute la matinée. ⇨ insiste sur l'action qui a duré du début à la fin de la matinée.

• J'ai réglé ce dossier **en** une matinée. ⇨ insiste sur le temps mis pour achever l'action de régler le dossier.

Exercice 1

*Complétez les phrases avec **pendant** ou **en** :*

◆ Exemple : Il a été malade **pendant** trois jours.

1. .... deux ans, je ne l'ai vu que deux fois.

2. Ils sont restés mariés .... deux ans.

3. Nous avons obtenu nos visas .... une semaine.

4. J'ai pu retenir ma respiration .... une minute.

5. L'éclipse nous a plongés dans le noir .... cinq minutes.

6. .... un instant, j'ai cru que je m'étais trompé de train.

7. Vous allez voir, je vais vous préparer des sandwichs .... deux temps trois mouvements.

8. Avec les bouchons de ce matin, j'ai mis 40 minutes pour faire La Concorde - La Défense. Je ne comprends pas comment tu as pu faire le même trajet que moi .... 20 minutes et à la même heure.

9. J'ai marché à travers les champs .... une grande partie de la matinée.

10. Vous ferez ce devoir dans les conditions de l'examen, c'est-à-dire .... quatre heures maximum.

Exercice 2

Même exercice :

Le premier août, nous avons pris la route (1.) .... la nuit, vers trois heures du matin pour éviter les grands départs. La veille, nous avions bouclé les valises (2.) .... un temps record : une heure. Nous étions si contents et excités à l'idée d'être enfin en vacances que (3.) .... la nuit, nous nous sommes réveillés sans arrêt de peur de rater le départ.

Sur la route, personne. Nous allions pouvoir être dans l'île de Ré (4.) .... moins de cinq heures. Nous voyageons souvent (5.) .... la nuit pour gagner du temps et profiter ainsi au maximum de nos vacances.

Exercice 3

*Complétez les phrases avec **pendant** ou **pour** :*

◆ Exemple : Il faisait la tête. Il ne m'a rien dit **pendant** trois jours.

1. J'ai attendu Carine .... une heure.

2. Cette station de métro est fermée .... une durée indéfinie.

3. Les visiteurs ne sont pas admis .... l'office religieux.

4. Quand je fais du ski, j'achète toujours un forfait .... la semaine.

5. Je dois trouver un moment .... la semaine pour rendre visite à ma grand-mère.

6. J'ai travaillé en Suisse .... de nombreuses années.

7. Bruno s'est endormi .... la messe.

8. Chaque samedi, nous faisons les courses .... la semaine.

9. On ne va pas l'attendre .... cent sept ans !

10. J'ai appris l'anglais .... douze ans mais je ne le parle pas couramment .

Exercice 4

Réécrivez les phrases suivantes sans employer « pendant » quand cela est possible et en replaçant correctement les compléments, si nécessaire :

◆ Exemples :   Il m'a téléphoné pendant la soirée. ⇨ **impossible.**

Je pars à Djerba pendant une semaine. ⇨ **Je pars une semaine à Djerba**.

1. Elle papote pendant des heures au téléphone.

⇨ ....

2. Ils vont se séparer pendant quelque temps.

⇨ ....

3. Elle a des vertiges car elle n'a pas mangé pendant plusieurs jours.

⇨ ....

4. Je me réveille souvent pendant la nuit.

⇨ ....

5. Je suis sorti tous les soirs pendant quinze jours.

⇨ ....

6. Nous allons rester à Oslo pendant trois jours et nous continuerons notre voyage en Scandinavie.

⇨ ....

7. J'ai dormi pendant environ trois heures.

⇨ ....

8. Je suis sûr que nous n'aurons pas envie de rester sur cette ile pendant plus d'une semaine.

⇨ ....

9. Pendant l'heure qui suit, vous allez étudier les équations à deux inconnues.

⇨ ....

10. Elle reste toujours plantée devant la télévision pendant des heures.

⇨ ....

Exercice 5

*Complétez les phrases avec **pendant**, **en**, ou **dans** :*

◆ Exemple : Il va arriver dans **cinq** minutes.

1. Il n'aura pas le temps de réviser tout le programme .... une seule matinée.

2. .... dix kilomètres, nous atteindrons Courchevel.

3. Les chômeurs ont manifesté dans les rues de Paris .... une grande partie de la matinée.

4. Jean-Louis a nettoyé la cuisine .... moins de temps qu'il n'en faut pour le dire.

5. Il s'est mis à pleuvoir. .... deux secondes, nous étions trempés.

6. Il a gagné des sommes colossales à la bourse et il vient de tout perdre .... une seconde.

7. Cédric n'a pas assez travaillé .... l'année scolaire, il va certainement redoubler.

8. .... six mois, ici, il n'y aura plus un seul arbre.

9. Le train arrive à 10 h 30 et repart une heure plus tard. .... ce laps de temps, nous déjeunerons au buffet de la gare.

10. Il a travaillé .... deux semaines et il a démissionné.

Exercice 6

(Exercice de vocabulaire sur les expressions avec le mot « temps » et nécessitant l'usage du dictionnaire)

*Complétez les phrases avec **pendant**, **en**, ou **dans**, en ajoutant des articles si nécessaire :*

◆ Exemple : De temps **en** temps, je m'allume un petit cigare.

1. .... temps, les enfants travaillaient à l'usine.

2. Je vous ai rendu ce dossier .... temps et .... heure mais vous n'avez pas fait votre travail et nous allons avoir du retard à cause de vous.

3. Je vais faire le tour de la maison. .... ce temps, tu surveilleras la porte d'entrée.

4. .... temps de guerre, on pense d'abord à l'avenir des siens.

5. Faxez-lui ces informations .... temps utile.

Exercice 7

*Complétez les phrases avec **pendant**, **en**, **dans** ou **pour**, en ajoutant des articles si nécessaire :*

1. .... ce moment, je ne peux pas vous parler, revenez dans une heure.

2. Il m'a chargé de vous dire qu'il sera là .... moment.

3. Il est bizarre .... moment, il sourit à tout le monde.

4. .... moment, j'ai cru que c'était le Pape.

Exercice 8

Même exercice avec le mot « heure » :

1. .... heure qui suit, vous allez faire une séance de relaxation.

2. L'accident a eu lieu au croisement du Lys ce matin à 10 heures : .... heure, nous ne pouvons vous donner plus d'informations.

3. Viens .... heure, j'aurai fini ma sieste et nous pourrons aller faire une promenade.

4. Aux États-Unis, les trajets se calculent souvent .... heures.

5. Je vais généralement faire des courses .... heure du déjeuner.

Exercice 9

Même exercice avec les mois de l'année :

1. Ce colis est arrivé pour toi .... mai.

2. J'ai été alité .... tout le mois de juillet.

3. – Cette facture est à régler maintenant ?

   – Non, il n'y a pas d'urgence, gardons-la .... novembre.

4. Il a été engagé dans la société .... début septembre.

5. « .... avril, ne te découvre pas d'un fil, ... mai, fais ce qu'il te plaît » (dicton).

Exercice 10

Même exercice avec le mot « jour » ou « journée » :

1. Mettez-vous un peu plus .... le jour que je vous voie mieux.

2. J'ai vu un hibou .... plein jour, c'est rare.

3. Reposez-vous .... les jours fériés, ce n'est pas ce qui manque au mois de mai !

4. Joseph est .... un bon jour aujourd'hui, il est de bonne humeur.

5. Nous ne nous étions par revus depuis 10 ans, jour .... jour.

● ● ● ● ● ● ● ● ● ● ● ● ● ●

LES ADVERBES
ET
LES ADJECTIFS

Les différents types d'adverbes
La formation des adverbes

Elle conduit **vite** mais **prudemment**.

De temps en temps, elle se gare **mal**. Elle a **alors** une amende et ça lui coute **cher**.

L'adverbe est un mot invariable qui modifie le sens d'un verbe, d'un adjectif, d'un autre adverbe ou d'une phrase :

> Il conduit **vite**. Il est **très** imprudent. Il conduit **trop vite**. **Bientôt**, il aura un accident.

Il y a :
• des adverbes de **manière** (bien, mal, ainsi,...),
• des adverbes de **quantité et d'intensité** (assez, très, trop,...),
• des adverbes **de temps** (alors, bientôt, déjà, souvent,...),
• des adverbes de **lieu** (avant, ici, là,...),
• des adverbes **d'opinion** (assurément, jamais, peut-être, rien, vraisemblablement,...).

On peut distinguer quatre types d'adverbes :
• Les **mots invariables** toujours adverbes : vite, mal, souvent, beaucoup,....

Remarque : L'adverbe **tout** devant un féminin devient **toute** :

> Elle est **toute** petite.

• Des **locutions adverbiales** : tout à coup, de temps en temps, à vrai dire,...
• Les **adverbes provenant d'adjectifs**. Ils se forment en ajoutant le suffixe **-ment** au féminin de l'adjectif : heureusement, rapidement, mutuellement,.... Quand ils proviennent d'adjectifs se terminant par les voyelles **-é**, **-i**, **-u**, ils se forment sur le masculin : vraiment, aisément, résolument.
– Certains adverbes se terminent en **-ément** : énormément, précisément, profondément.
– Les adjectifs en **-ant** et **-ent** forment des adverbes en **-amment** et **-emment** : méchamment, prudemment.

Remarques :
Quelques exceptions : lent, lentement, bref, brièvement, gentil, gentiment
Tous les adjectifs ne peuvent pas former des adverbes. Par exemple, les adjectifs de nationalité.

• Des **adjectifs pouvant avoir fonction d'adverbes** dans certaines expressions. Ils sont alors **invariables** :

> Les roses sentent **bon.** Ils parlent **fort**.

Exercice 1

Caractérisez avec des adverbes la façon de conduire de ces peuples :

◆ Exemple : – Les Anglais sont prudents au volant ?

⇨ – Oui, ils conduisent **prudemment**. / – Non, ils ne conduisent pas **prudemment**.

1. – Les Allemands sont rapides au volant ?

⇨ – ....

2. – Les Italiens sont sérieux au volant ?

⇨ – ....

3. – Les Polonais sont agressifs au volant ?

⇨ – ....

4. – Les Espagnols sont brillants au volant ?

⇨ – ....

5. – Les Brésiliens sont nonchalants au volant ?

⇨ – ....

6. – Les Américains sont impétueux au volant ?

⇨ – ....

7. – Les Français sont fous au volant ?

⇨ – ....

8. – Les Japonais sont impatients au volant ?

⇨ – ....

9. – Les Grecs sont bizarres au volant ?

⇨ – ....

10. – Les Égyptiens sont dangereux au volant ?

⇨ – ....

Exercice 2

Reliez phrase et adverbe (adjectif pris comme adverbe) :

◆ Exemple : J'ai acheté des fleurs qui sentaient •——————————• bon.

1. Nous sommes en hiver, les fruits coutent •   • net

2. Sans ses lunettes, elle ne voit pas très •   • bas

3. Je n'aime pas l'entendre chanter, il chante •   • juste

4. C'est un bon tireur, il vise •   • clair

5. Je n'ai rien compris, tu parles trop •   • droit

6. Il a trop bu, il ne marche pas très •   • cher

7. Il n'y a pas d'ambiguïté, il parle •   • haut

8. Sa blague n'est pas drôle, elle ne vole pas •   • faux

Exercice 3

Remplacez (si possible) l'adjectif ou l'expression soulignée par l'adverbe correspondant :

◆ Exemple : C'est une aide mutuelle, ils s'aident **mutuellement**.

1. Il parle d'une façon douce, il parle ....

2. Ce soir, j'achète un plat chinois, je vais manger ....

3. Il a des réactions vives, il réagit ....

4. Cet endroit a une mauvaise odeur, il sent ....

5. Ils ont de fréquentes rencontres, ils se rencontrent ....

6. Il est très lent dans son travail, il travaille très ....

7. Il argumente avec intelligence, il argumente ....

8. Il a fait cet exercice de façon aisée, il l'a fait ....

9. Elle a été gentille avec lui, elle lui a parlé ....

10. Ses réponses sont toujours brèves, il répond ....

Exercice 4

Remplacez les adverbes soulignés par un autre adverbe ou une locution adverbiale :

◆ Exemple : – Quand est-ce que tu as appris la nouvelle ?
    – Là (**maintenant, à l'instant**).

1. – Pierre est là ?
    – Non il vient de sortir, il est encore (................................) parti au café.

2. – Tu as des nouvelles de Marie ?
    – Oui, elle est encore (................................) en Allemagne. Elle ne revient que la semaine prochaine.

3. – C'est toi qui a dit à Vanessa que je ne l'aimais pas ?
    – Tu es fou, je n'ai jamais (................................) dit ça !

4. – Je n'arrive pas à trouver ce livre. Il me le faut pourtant absolument !
    – Écoute, si jamais (................................) je le trouve, je te l'achète.

5. – On part ?
    – Non, attends ! Il est bien (................................) trop tôt.

6. – Pablo a fait des progrès en français ?
    – Oui. Maintenant il comprend tout et il parle bien (................................).

Exercice 5

Pierre est gentil, Jacques est bien gentil et Jean-Paul est très gentil :

1. Qui est le plus gentil ?................................

2. Qui est le moins gentil ? ....

Exercice 6

Trois garçons écrivent à Catherine :

– Le premier, Marc, lui écrit : « Je t'aime beaucoup. »

– Le deuxième, Jean-Pierre, lui écrit : « Je t'aime. »

– Le troisième, François, lui écrit : « Je t'aime bien. »

1. Qui est amoureux de Catherine ?.................................

2. Pour qui est-ce que Catherine est une bonne copine ?.................................

3. Pour qui est-ce que Catherine est une grande amie ?.................................

Exercice 7

Trois amies ont vu le film *Titanic* :

– Catherine a aimé le film.

– Anne a beaucoup aimé le film.

– Françoise a bien aimé le film.

1. Qui a le plus aimé le film ? ....

2. Qui a le moins aimé le film ? ....

• • • • • • • • • • • •

L'adjectif, place et sens

Il a une **grande** taille, des yeux **bleus magnifiques** et des épaules **carrées**.

C'est un **ancien** acteur.

La place de l'adjectif qualificatif dépend de la longueur et du sens de l'adjectif.

I. Selon la longueur

En principe, les adjectifs courts se mettent devant le nom et les adjectifs longs derrière.

adjectif devant le nom	adjectif derrière le nom
un **beau** jour, un **gros** investissement, un **grand** immeuble	un jour **magnifique**, un investissement **judicieux**, un immeuble **imposant**
Mais : les adjectifs ordinaux (même longs) se placent devant le nom : le **vingt-et-unième** siècle	**Mais :** les adjectifs de forme, de couleur et d'origine (même courts) se placent derrière le nom : un ballon **rond**, un carton **rouge**, un consul **grec**

Certains adjectifs (même longs) peuvent se trouver devant le nom pour marquer l'emphase : un inoubliable souvenir (la forme « un souvenir très inoubliable » n'est pas possible).

II. Selon le sens

L'adjectif peut changer de sens s'il est avant ou après le nom.

adjectif devant le nom	adjectif derrière le nom
Sens symbolique, figuré : un grand homme (célèbre) un vieil ami, une ancienne gare	Sens concret, propre : un homme grand (haut de taille) un ami vieux, une gare ancienne

Remarques :

• Lorsque l'opposition n'est pas possible, l'adjectif se place selon la longueur :
un **grand** immeuble.

• Lorsque l'opposition est possible, les adjectifs de couleur peuvent se placer devant :
faire **grise** mine.

Exercice 1

Transformez l'adjectif attribut souligné en adjectif épithète :

◆ Exemples : – Cette fille n'a pas d'argent, elle est <u>pauvre</u>.

⇨ – Oui, c'est une **fille pauvre**.

– Cet homme est gentil, honnête, <u>brave</u>.

⇨ – Oui, c'est un **brave homme**.

1. – Cette fille est gentille, sympathique, <u>chic</u>.

⇨ – Oui, c'est une ....

2. – Ce garçon n'est pas très grand, il est <u>petit</u>.

⇨ – Oui, c'est un ....

3. – Cet homme ne parle à personne, il est solitaire et <u>seul</u>.

⇨ – Oui, c'est un ....

4. – Tu as vu la tête de cette statue ? Elles n'a pas été nettoyée depuis des années, elle est <u>sale</u>.

⇨ – Oui, elle a la ....

5. – Cette direction n'est pas la bonne, elle est <u>mauvaise</u>.

⇨ – Oui, c'est la ....

Exercice 2

Trouvez l'autre sens des adjectifs de l'exercice 1 :

◆ Exemple : Une fille pauvre n'a pas d'argent.

⇨ **Une pauvre fille n'a pas de chance.**

1. Un brave homme est gentil et honnête .... ⇨ Un homme brave ....

2. Une chic fille est .... ⇨ Une fille chic ....

3. Un petit garçon .... ⇨ Un garçon petit ....

4. Un seul homme .... ⇨ Un homme seul ....

5. Une sale tête .... ⇨ Une tête sale ....

Exercice 3

Justifiez la place de l'adjectif souligné :

(adjectif long, adjectif court, sens concret, sens symbolique, emphase).

◆ Exemple : Il y a en Bourgogne des vins <u>capiteux</u> (**adjectif long**)

1. Ces cigarettes brunes sont trop fortes. Je préfère des cigarettes <u>légères</u> (...............................)

2. Au début du siècle, l'affaire Dreyfus n'était pas une <u>mince</u> affaire (...............................)

3. Heureux qui comme Ulysse a fait un <u>long</u> voyage (...............................)

4. Ils se sont mariés récemment, ce sont des <u>jeunes</u> mariés (...............................)

5. On appelle son <u>ancien</u> compagnon (ou compagne) son « ex » (...............................)

6. Barbe-Bleue était un <u>épouvantable</u> personnage (...............................)

Exercice 4

Formez l'adjectif et répondez aux questions :

◆ Exemple : – C'est un étudiant qui travaille beaucoup ?

⇨ – Oui, c'est (non, ce n'est pas) un étudiant **travailleur.**

1. – Est-ce que ce train va directement à Marseille ?

⇨ – Oui, c'est (non, ce n'est pas) un ....

2. – Pour toi, la cuisine chinoise est pleine d'exotisme ?

⇨ – Oui, c'est (non, ce n'est pas) une ....

3. – Il y a de l'acidité dans ce vin ?

⇨ – Oui, c'est (non, ce n'est pas) un ....

4. – Tu le trouves beau, cet homme ?

⇨ – Oui, c'est (non, ce n'est pas) un ....

5. – Tu es allé seulement une fois à l'étranger ?

⇨ – Oui, j'y suis allé (non, je n'y suis pas allé) une ....

Exercice 5

Identifiez l'adjectif et le nom :

◆ Exemple : une adolescente superbe (**nom + adjectif**), une superbe adolescente (**adjectif + nom**)

1. Un savant aveugle (..................................)   Un aveugle savant (....................................)

2. Un catholique romain (..........................)   Un Romain catholique (.............................)

3. Un objectif historique (.........................)   Un historique objectif (.............................)

4. L'amicale étudiante (..............................)   L'étudiante amicale (.................................)

5. Un imbécile informaticien (...................)   Un informaticien imbécile (.....................)

6. Un modèle travailleur (..........................)   Un travailleur modèle (.............................)

Dans le cas d'un « *savant aveugle* » ou d'un « *aveugle savant* », les mots « *aveugle* » et « *savant* »
gardent le même sens (qu'ils soient nom ou adjectif). Qu'en est-il dans les autres expressions ? Expliquez les
différences suivantes :

1. Un objectif historique : ....

2. Un historique objectif : ....

3. L'amicale étudiante   : ....

4. L'étudiante amicale   : ....

5. Un modèle travailleur : ....

6. Un travailleur modèle : ....

Exercice 6

Dites-le avec des couleurs. Placez l'adjectif de couleur devant ou derrière le nom. Faites l'accord si nécessaire :

1. On appelle les années de jeunesse « les .... années .... » (vert)

2. Se rendre, c'est hisser le .... drapeau .... (blanc)

3. Le cerveau est aussi appelé la .... matière .... (gris)

4. Se faire du souci, s'inquiéter, c'est avoir de .... pressentiments..................... (noir)

5. Être sentimental, un peu mièvre et romanesque, c'est être..................... fleur..................... (bleu)

Exercice 7

Trouvez l'adjectif de couleur correspondant. Faites l'accord si nécessaire :

Gris - bleu - jaune - noir - rose - vert - blanc.

◆ Exemple : Il se fâche très facilement. Il voit tout de suite **rouge**.

1. Tout le monde savait bien qu'elle se mariait pour des papiers.

   C'était un mariage .... et pourtant, elle était en ....

2. Ils sont complètement différents. Il est pessimiste, il voit tout en .... ; et elle,

   l'optimiste, voit toujours la vie en ....

3. Il a beaucoup bu. À la fin de la soirée, il était complètement ....

   Elle, qui avait bu bien moins que lui, était cependant un peu ....

4. Il a une peur .... de son patron. Pour ne pas le montrer, il rit ....

5. Il n'est pas très bien portant. Il devrait se reposer à la campagne, se mettre au ....

Exercice 8

Attention, les adjectifs peuvent avoir un sens différent s'ils qualifient un homme ou une femme.
Donnez un synonyme aux adjectifs suivants :

1. Un homme léger : ....   Une femme légère : ....

2. Une grande femme : ....   Un grand homme : ....

3. Un homme fort : ....   Une femme forte : ....

4. Une femme publique : ....   Un homme public : ....

5. Une jolie dame : ....   Un joli monsieur : ....

des ou de devant l'adjectif

« Tu as **de** beaux yeux, tu sais ! »

Lorsque l'adjectif est placé devant le nom, l'article indéfini **des** devient généralement **de** :

> **de** beaux discours, **de** grandes maisons.

Remarques :

• Cette règle s'applique particulièrement à l'écrit. Elle est moins observée à l'oral.

• Il n'y a pas de changement si :

– l'adjectif sert à former un nom composé :

> **des** grands-parents, **des** petits-enfants.

– l'adjectif forme avec le nom une expression qui fonctionne comme un nom composé :

> **des** bons mots, **des** vieilles filles.

• •

Exercice 1

*Complétez le texte avec **des, de, d' :***

.... nombreux marchands proposaient leur marchandise : .... belles pommes, ... énormes tomates et .... minuscules petits pois. .... petites filles se sont approchées. « Voulez-vous .... petits pois ? » a demandé un marchand. .... fous rires ont aussitôt secoué les fillettes qui sont parties en courant pendant que les passants se faisaient .... amusantes réflexions.

Exercice 2

*Complétez les phrases avec **de** ou **des** :*

Des grands ....

1. Ce sont des oiseaux rapaces, mais aussi des princes de la famille impériale de Russie, ce sont .... grands-ducs.

2. Dans certaines foires, on peut voir .... grandes roues. Ce sont des attractions très populaires. Celle de Vienne est célèbre.

3. Les alcooliques sont .... grands buveurs.

4. Pour les enfants, les adultes sont .... grandes personnes.

5. Les messes chantées sont .... grand-messes.

6. Le Petit Chaperon rouge s'approcha du lit et s'exclama : « Mère-grand, que vous avez .... grands bras ! » « Que vous avez .... grandes oreilles ! » « Que vous avez .... grandes dents ! »

Exercice 4

Même exercice :

.... et des petits.

1. Aux réceptions, il y a souvent .... petits fours.

2. Ce sont des gâteaux secs de forme rectangulaire faits au beurre, on les appelle .... petits-beurre.

3. Le dimanche, on mange .... bons petits plats.

4. Les apprenties couturières sont .... petites mains.

5. Ce sont des petits cylindres de fromage frais. Ce sont .... petits-suisses.

6. Gide dit d'un de ses personnages qu'il avait .... petites mains, ... petits pieds, ... jambes courtes, que près de lui, on prenait honte d'être trop grand.

Exercice 5

Même exercice :

Toujours jeune !

1. Elles viennent d'avoir des petits-enfants. Elles ont tout juste quarante ans. Ce sont .... jeunes grands-mères.

2. Ils partent en voyage de noces, ce sont .... jeunes mariés.

3. Ces acteurs jouent des rôles d'amoureux. Ce sont .... jeunes premiers.

4. Leurs parents étaient étrangers, mais ils sont nés en France. Ce sont maintenant .... jeunes français.

5. Ils sont trop petits pour comprendre. Ce sont encore .... jeunes enfants.

● ● ● ● ● ● ● ● ● ● ● ● ● ●

bien ou bon ?

Joël travaille **bien**.

Jean-Luc est **bon** en mathématiques.

Ça sent **bon** ici.

Bien est généralement utilisé comme adverbe et **bon** comme adjectif. On trouve cependant des exceptions et une certaine variété de cas :

I. bien et bon adverbes

Ils sont invariables et peuvent indiquer :

bien (contraire : mal)	bon (contraire : mauvais)
• **La manière :** Catherine dessine **bien**.	Ça sent **bon** ici.
• **L'intensité :** J'espère **bien** revoir Paul.	

II. bien et bon adjectifs

Comme adjectif, **bien** reste invariable et **bon** s'accorde : **bon(ne)(s)**. Ils peuvent indiquer :

bien (contraire : mal)	bon (contraire : mauvais)

	• **La qualité d'un travail :**
	  Julien est **bon** en français. C'est un **bon** élève,
	
	• **Quelque chose de juste, sans fautes :**
	  Votre exercice est **bon**. C'est le **bon** chemin.
	  C'est **bon** !

• **La qualité d'un objet :** Il est **bien**, ce livre.	C'est un **bon** livre.

• **Une personne convenable :**
  un homme **bien**.
 	
• **La qualité morale :**
  Ce n'est pas **bien** de voler.
• **La beauté :**
  – Il est **bien**, l'homme au chapeau.
  – Oui, pas mal.
	• **Une personne généreuse :**
	  un homme **bon**.
	• **L'intensité :**
	  Un **bon** kilo de tomates.
	  Bon nombre de magasins sont fermés après 19 h.
	
	• **L'approbation de quelque chose d'agréable :**
	  C'est bon !

III. bien et bon interjections

Employés comme interjections, ils peuvent indiquer :

bien	bon

• **L'approbation d'une situation, d'une action :**
    Bien ! (= bravo !) C'est **bien**.
• **L'interrogation :**
    Eh **bien** ? (=alors ?) ?	

• **La surprise :** Eh **bien** ! Quelle rapidité !	Ah **bon** ? (avec idée de doute)

	• **Le réconfort :**
	    – Il n'est pas blessé.
	    – Ah **bon** ! Je suis rassuré.
	• **La concession :**
	    Bon ! Si tu insistes, on ira.

• **La fin d'une activité, le passage à autre chose :** **Bien** ! (sous-entendu : ceci est fini)	**Bon** ! (idem)

IV. bien et bon adjectifs substantivés

Le(s) bien(s)	Le(s) bon(s)

• **Indique la possession :**
    avoir des **biens**
• **Le devoir moral :**
    Je te dis cela pour ton **bien**.
• **Le compliment :**
    Il a dit du **bien** de toi.
	• **Une personne généreuse, gentille :**
	    les **bons** et les méchants
	• **La qualité :**
	    Il y a du **bon** dans son travail.
	• **Un papier qui a une valeur :**
	    un **bon** d'achat / un **bon** du Trésor

Bien et **bon** sont utilisés dans quelques locutions :

   Bien qu'il soit seul, il ne s'ennuie pas.

   À quoi bon lui dire la vérité ?

   Il est parti **pour de bon**.

   ...

Les comparatifs et superlatifs sont :

• **bien** : mieux, moins bien, le/la/les mieux, le/la/les moins bien

• **bon** : meilleur, moins bon(ne)(s), le/la /les meilleur(e)(s), le/la/les moins bon(ne)(s).

À la forme négative, on peut utiliser aussi : pire et le/la/les pire(s).

Exercice 1

*Complétez les phrases en utilisant et en plaçant correctement **bien** ou **bon** (en accordant si nécessaire) :*

◆ Exemple : Nous avons eu une (explication) **bonne explication** et nous ne sommes plus fâchés.

1. Connaissez-vous par hasard un (caviste) .... dans le 15ᵉ ?

2. Ce livre est .... mais ce n'est pas le .... .Tu t'es trompé.

3. Elle est (partie) .... dans la vie : elle vient de décrocher un excellent travail et aujourd'hui, elle se marie avec Charles-Édouard de la Colombière, un (parti) .... !

4. Vous avez (fait) .... de ne rien dire.

5. C'est l'été indien ! Il fait tellement .... que l'on pourrait presque se baigner.

6. Vous êtes (respectueux) .... avec lui ! Il ne mérite pas tant d'égards.

7. Hans-Peter est très .... en français. Il a une (prononciation) ....

8. Il y a (du monde) .... ! Allons sur la terrasse, c'est plus calme.

9. Son tailleur lui va vraiment .... Agnès a (goût) .... pour les vêtements.

10. Nous comptons .... vous revoir bientôt.

Exercice 2

*Complétez les dialogues suivant avec **c'est bien** ou **c'est bon** :*

◆ Exemple : – Vous aimez le gâteau au chocolat ?
  – Ah oui, **c'est bon** !

1. – J'ai réussi l'examen ?
   – Oui je te félicite, ...
   – Et Nicolas ?
   – Il a eu juste la moyenne, mais ...., il est reçu.

2. – Antoine, va te faire couper les cheveux !
   – ...., j'ai compris, j'irai demain puisque tu insistes.
   – Mathieu est bien plus obéissant, il y est allé ce matin. ...., mon petit Mathieu.

3. – Vous aimez la tarte aux quetsches, Frédéric ?
   – Oui, ... ! Je dirais même plus, c'est exquis !

4. – Tu as fini ? On peut y aller ?
   – Oui, ..., j'ai juste fini, on peut y aller.

5. – Papa, regarde ! J'ai mangé toute ma viande !
   – .... mon petit. Maintenant, finis tes légumes, tu sais que .... pour la santé.

Exercice 3

Reliez les deux parties de chaque phrase :

1. S'évanouir, ...

2. Il a encore été incapable de ranger la cuisine, ...

3. Stéphane n'est pas si méchant qu'on le dit, en fait, ...

4. Parler en mangeant, ...

5. Il a été mis en prison pour quelques années car .....

6. Voler dans un magasin, ...

a. c'est un malfaiteur

b. c'est un méfait.

c. il a bon fond.

d. c'est un bon à rien.

e. c'est mal élevé.

f. c'est avoir un malaise.

1	2	3	4	5
f				

Exercice 4

Complétez les phrases suivantes par **bien**, **bon**, **mal**, **mauvais** *ou leurs comparatifs et superlatifs en les accordant si nécessaire :*

◆ Exemple : Carine habite Lyon depuis **bon** nombre d'années.

1. Je n'ai pas jugé .... de les mettre au courant de la nouvelle.

2. Le cabinet de recrutement n'a pas jugé .... le niveau d'anglais de la nouvelle assistante. Or elle est .... que nous ne le pensions. Elle est tout à fait à l'aise avec ses interlocuteurs britanniques.

3. Cela vous fera le plus grand .... de passer quelques jours à Courchevel.

4. La société va de .... en pis, elle accumule les dettes et nous serons bientôt contraints au dépôt de bilan. C'est .... triste.

5. Je vais te préparer un .... petit plat.

6. Allons .... ! Un pneu crevé et je ne sais pas changer une roue ! Comment vais-je faire ?

7. Un bon acteur doit savoir donner le .... de lui-même quand il joue.

8. On se marie pour le .... et pour le ....

9. Quand on fait quelque chose sans mauvaise intention, on dit que c'est en tout .... tout honneur.

10. Ils se font du .... sang car il est plus de minuit et leur fils n'est pas encore rentré.

11. Prenez .... soin de votre santé.

Exercice 5

Précisez, dans les proverbes suivants, si le ou les mots soulignés sont **adjectifs**, **adverbes** *ou* **noms** *:*

◆ Exemple : Rira <u>bien</u> (**adverbe**) qui rira le dernier.

1. Tout est <u>bien</u> (..............................) qui finit <u>bien</u> (..............................).

2. Abondance de <u>biens</u> (...............................) ne nuit pas.

3. Les <u>bons</u> (.............................) comptes font les <u>bons</u> (.............................) amis.

4. Deux avis valent <u>mieux</u> (.............................) qu'un.

5. À quelque chose malheur est <u>bon</u> (.............................) .

6. Les cordonniers sont les plus <u>mal</u> (.............................) chaussés.

7. On lui donnerait le <u>bon</u> (.............................) Dieu sans confession.

8. <u>Mieux</u> (.............................) vaut tard que jamais.

9. <u>Bien mal</u> (.............................) acquis ne profite jamais.

10. <u>Bien</u> (.............................) faire et laisser dire.

11. Toute vérité n'est pas <u>bonne</u> (.............................) à dire.

12. Le <u>mieux</u> (.............................) est l'ennemi du <u>bien</u> (.............................) .

Exercice 6

*Complétez les phrases suivantes par **bien** ou **bon** en faisant l'accord si nécessaire :*

1. Nous sentons .... que vous ne voulez pas nous dire la vérité.

2. Toute vérité n'est pas .... à dire.

3. Ces vieux journaux sont .... à jeter.

4. Après les excès qu'il a faits pendant le réveillon de la Saint-Sylvestre, Daniel est .... pour une crise de foie.

5. Eh .... Jacques, tu m'écoutes ou tu dors ?

6. Cela fait une .... heure que j'attends un taxi.

7. Cela fait .... une heure que j'attends un taxi.

8. Il ne fait pas .... se promener dans le quartier en pleine nuit. Vous risquez de vous faire attaquer.

9. Catherine a eu beaucoup de succès au bal costumé ; elle était vraiment .... en Cléopâtre.

10. « Quand on partait de .... matin, quand on partait sur les chemins, à bicyclette. » (Chanson)

11. Édouard est très généreux, il est .... comme du .... pain.

12. Je n'ai gagné que 50 francs au loto mais c'est toujours .... à prendre.

LES
RAPPORTS
LOGIQUES

Le but, la cause et la conséquence

Il apprend le français **pour** étudier en France.
Il apprend le français **car** il veut étudier en France.
Il veut étudier en France, **donc** il apprend le français.

• Pourquoi est-ce que tu as arrêté tes études ?

Une question introduite par **pourquoi** ? peut avoir deux types de réponses :

– Une réponse qui exprime la raison, la cause :

> **Parce que** ça ne m'intéressait plus.

– Une réponse qui exprime un désir, une motivation, un but :

> **Pour** pouvoir travailler tout de suite.

• Le **but** peut être introduit par **pour et l'infinitif** (si le sujet est le même pour les deux verbes) ou par **pour que suivi du subjonctif** (si les sujets sont différents) :

> Je vous ai demandé de venir **pour** vous présenter le projet.
>
> Je vous ai fait venir **pour que** nous discutions du projet.

• La **cause** peut être introduite par des **locutions adverbiales** (en effet), des **conjonctions de coordination** (car) **ou de subordination,** suivies en général de l'**indicatif** (parce que, comme) :

> – Je dois rester tard au bureau **car** j'ai beaucoup de travail en retard. **En effet,** j'ai été malade ces derniers jours et je dois rattraper maintenant le temps perdu.
>
> – Moi non plus, je ne suis pas venu travailler cette semaine **parce que** j'ai pris une semaine de vacances. Mais **comme** j'avais de l'avance dans mon travail, je n'ai pas à rattraper le temps perdu.

• La **conséquence** est l'**effet produit par la cause** :

> J'ai beaucoup de travail (cause), **donc** je dois rester tard au bureau (conséquence).

La conséquence se marque par des **adverbes** (ainsi), des **conjonctions de coordination** (donc) **ou de subordination** suivies de l'**indicatif** (si bien que) :

> Il a trop de travail, **si bien qu'il** ne pourra pas venir ce soir.

Exercice 1

*Cause ou but ? Répondez en utilisant **parce que**, **pour** ou **pour que** :*

◆ Exemple : Il ne pourra pas venir ce soir. Il a trop de travail.

> ⇨ Il ne pourra pas venir ce soir **parce qu'** (cause) il a trop de travail.

1. Ils ne se parlent plus. Ils sont fâchés.

⇨ ....

2. Je lui ai prêté de l'argent. Il pourra payer son loyer.

⇨ ....

3. Je t'ai amené Pierre. Vous pouvez faire connaissance.

⇨ ....

4. Je n'ai pas pu arriver plus tôt. Il y avait trois kilomètres de bouchons sur l'autoroute.

⇨ ....

5. Il a pris un taxi. Il était pressé.

⇨ ....

6. Il prend un taxi. Il ne sera pas en retard.

⇨ ....

7. Il ne répond pas au téléphone. On croira qu'il n'est pas là.

⇨ ....

8. J'ai dû déménager. Je ne supportais plus mes voisins.

⇨ ....

Exercice 2

*Répondez à la question en utilisant **parce que** et **pour** :*

◆ Exemple : Pourquoi fais-tu un régime ? (Avoir du cholestérol/Être en meilleure santé)

⇨ **Parce que** j'ai du cholestérol. / **Pour** être en meilleure santé.

1. Pourquoi est-ce que tu manges maintenant ? (Tenir le coup jusqu'à ce soir/Avoir faim)

⇨ ....

2. Pourquoi pars-tu maintenant ? Il n'est que minuit, il est encore tôt. (Être en forme demain/Être fatigué)

⇨ ....

3. Pourquoi est-ce que tu écris tout dans ton agenda ? (Avoir mauvaise mémoire/Ne rien oublier)

⇨ ....

4. Pourquoi es-tu allé à cette soirée ? (Revoir des amis/Être libre ce soir-là)

⇨ ....

5. Pourquoi est-ce que tu ne sors plus depuis un mois ? (Avoir un examen dans une semaine/Pouvoir réviser)

⇨ ....

6. Pourquoi est-ce que tu refuses de t'engager ? (Rester libre/Ne pas en avoir envie)

⇨ ....

7. Pourquoi tu ne lui dis pas la vérité ? (Ne pas lui faire de la peine/Ne pas en avoir le courage)

⇨ ....

8. Pourquoi as-tu changé de coiffure ? (Ne plus supporter l'ancienne/Être à la mode)

⇨ ....

Exercice 3

Cause et conséquence. Reliez les deux phrases par une conjonction de cause **(car)** *et de conséquence* **(donc)**.

◆ Exemple : Il n'a pas lu ce livre. Il ne peut pas en parler.
⇨ Il n'a pas lu ce livre **donc** il ne peut pas en parler.
Il ne peut pas parler de ce livre **car** il ne l'a pas lu.

1. Je n'ai aucune envie d'inviter ton ami. Je ne l'aime pas beaucoup.

⇨ ....

....

2. Il parle allemand. Il a pu me traduire ce texte de Kafka.

⇨ ....

....

3. Il n'a pas la télévision. Il n'a pas pu voir ce film.

⇨ ....

....

4. Il ne connaît pas la nouvelle. Il était absent toute la semaine dernière.

⇨ ....

....

5. Il ne rembourse jamais ses dettes. Je ne lui prêterai pas d'argent.

⇨ ....

....

Exercice 4

But, cause et conséquence. Complétez avec **pour que**, **parce que** *ou* **si bien que** :

Depuis qu'il était arrivé dans cette ville, il ne s'était pas fait un seul ami .... il ne savait pas comment entrer en contact avec les gens. Le soir, il restait toujours seul à lire et à relire les quelques livres qu'il avait, ... il en connaissait des passages entiers par cœur. Un jour, ... il ne supportait plus sa solitude, il est entré dans une grande brasserie du centre. Il a tout fait .... les clients fassent attention à lui et lui parlent. Mais personne ne lui a adressé la parole .... il semblait trop bizarre, ... il est rentré chez lui encore plus seul qu'avant. Le lendemain, il est allé dans une autre brasserie. Il s'est bien gardé de se faire remarquer .... la mésaventure de la veille ne se reproduise pas. C'est alors que le miracle s'est produit. Un consommateur s'est approché de lui et lui a demandé s'il accepterait de se joindre à son petit groupe d'amis .... il leur man-quait une personne pour jouer au bridge. Il a accepté avec plaisir et s'est beaucoup plu en leur compagnie .... depuis ce jour-là, il passe toutes ses soirées avec eux.

Le but
Les locutions de but

J'ai tout fait **pour** qu'il s'en aille, mais il voulait rester **pour** discuter.

I. Les locutions qui expriment le but sont suivies du **subjonctif.**

• **pour que, afin que :**

> Elle m'a téléphoné **pour que** je n'oublie pas l'heure du rendez-vous.

• **de peur que, de crainte que :**

> La réunion a été repoussée **de peur que** vous ne puissiez pas venir.

Après **de peur que** et **de crainte que,** le verbe de la subordonnée de but est souvent accompagné d'un **ne** explétif :

> Rappelez-moi l'heure de la réunion **de crainte que** je **ne** l'oublie.

• **de sorte que, de manière que, de façon que :**

> La réunion aura lieu mardi **de façon que** tout le monde puisse y participer.

Dans la langue parlée, **de façon que** et **de manière que** sont souvent remplacés par **de façon à ce que, de manière à ce que** :

> Elle aura lieu mardi **de manière à ce que** tous puissent y participer.

Remarque : Les locutions **de sorte que, de manière que, de façon que,** suivies de l'indicatif, expriment la conséquence et non le but :

> La réunion a eu lieu mardi **de sorte que** tout le monde **a pu** participer.

II. Lorsque le sujet des deux verbes est le même, ces locutions sont suivies de l'**infinitif.**

• **pour, afin de :**

> Elle m'a téléphoné **pour** me préciser l'heure du rendez-vous.

• **de peur de, de crainte de :**

> **De peur d'**être en retard, j'ai pris un taxi.

• **de sorte de, de manière à, de façon à :**

> Venez assez tôt **de façon à** pouvoir préparer la réunion.

Remarque : **Pour, en vue de, de crainte de, de peur de** peuvent être suivis d'un nom :

> **De crainte** d'une erreur de sa part, il a téléphoné **pour** confirmation du rendez-vous.

III. Les locutions de but **pour** et **afin** peuvent être **omises** :

– Si le verbe principal est à l'impératif (et que les deux sujets sont différents) :

> Fixons la réunion mardi, **que** tout le monde puisse venir.

– Après un verbe de mouvement (avec l'auxiliaire « être » sauf le verbe « courir ») :

> Il est venu à la réunion **exposer** son projet.

– Lorsqu'il y a déjà une première locution conjonctive de but :

> Nous sommes rassemblés **pour étudier** le projet et **prendre** une décision. Tout a été fait **pour que** vous soyez tous présents et **que** la décision soit prise à l'unanimité.

Exercice 1

*Complétez avec **afin que (afin qu')** ou **afin de (afin d')** :*

1. Le Conseil de prud'hommes a été créé .... juger des différends d'ordre professionnel entre employeurs et employés.

2. Le système de Sécurité Sociale a été institué .... les Français soient mieux protégés contre la maladie.

3. Des grèves ont souvent lieu .... améliorer les conditions de travail.

4. Certaines grèves sont impopulaires : particulièrement celles qui obligent les salariés à marcher ou à prendre un taxi .... se rendre sur leur lieu de travail.

5. Certains salariés doivent pointer en arrivant à leur travail .... l'heure d'arrivée et de départ soit clairement indiquée.

Exercice 2

*Réécrivez ces phrases en employant **de peur de** (+ infinitif) ou **de peur que** (+ subjonctif) :*

◆ Exemple : Je prends mon parapluie, il va peut-être pleuvoir.
⇨ – Je prends mon parapluie **de peur qu'**il ne pleuve.

1. Je prends un taxi, je ne veux pas être en retard.
⇨ ....

2. J'achète du pain ce soir, il se peut que les boulangeries soient fermées demain.
⇨ ....

3. Écris-lui, sinon il est capable de se vexer.
⇨ ....

4. Ne bois pas trop, tu risques d'être malade.
⇨ ....

5. Je ne suis pas allé à cette fête, j'avais peur de m'ennuyer.
⇨ ....

6. Préviens-le à l'avance de ton passage, il peut ne pas être là.
⇨ ....

Exercice 3

*Réécrivez ces phrases en utilisant **de crainte que** (+ subjonctif) ou **de crainte de** (+ infinitif) :*

◆ Exemple : Ne joue pas avec ce couteau, tu vas te faire mal.
⇨ Ne joue pas avec ce couteau **de crainte de** te faire mal.

Les consignes parentales (I)

1. Tiens-toi à la rampe, tu vas tomber.
⇨ ....

2. Ne caresse pas le chat, il va te griffer.

⇨ ....

3. Ne joue pas dans le sable, tu vas te salir.

⇨ ....

4. Ne mange pas de bonbons, tu n'auras plus faim ce soir..

⇨ ....

5. Ne cours pas dans l'appartement, les voisins vont encore se plaindre.

⇨ ....

6. Ne reste pas toujours devant la télé, tu vas t'abimer les yeux.

⇨ ....

7. Donne-moi la main pour traverser, tu vas te faire écraser.

⇨ ....

8. Dépêche-toi de t'habiller, tu vas être en retard à l'école.

⇨ ....

Exercice 4

Transformez les phrases selon le modèle suivant :

◆ Exemple : Viens ! Je veux te coiffer.   ⇨ Viens **que** je te **coiffe** !

Les consignes parentales (II)

1. Va jouer dans ta chambre ! Je veux avoir un moment de tranquillité.

⇨ ....

2. Arrête ! Je ne veux pas avoir à te punir.

⇨ ....

3. Donne-moi ta veste ! Je veux la ranger.

⇨ ....

4. Regarde-moi dans les yeux ! Je veux voir si tu mens.

⇨ ....

5. Fais-voir ta chaussure ! Je veux renouer ton lacet.

⇨ ....

Exercice 5

*But ou conséquence ? Réécrivez ces phrases en utilisant **de sorte que,** suivi du subjonctif (but) ou de l'indicatif (conséquence) :*

◆ Exemple : Je l'ai attendu toute la matinée.

⇨ Il avait oublié le rendez-vous **de sorte que** je l'**ai attendu** toute la matinée.

Personne ne devait l'attendre.

⇨ Il a prévenu de son absence **de sorte que** personne ne l'**attende**.

1. Il ne faut pas qu'elle se fâche.

⇨ Dis-le lui gentiment..

2. Je ne l'engagerai pas pour ce travail.

⇨ Il n'est pas compétent..

3. Il n'a pas besoin de travailler.

⇨ Sa famille a beaucoup d'argent ....

4. Un tel événement ne doit pas se reproduire.

⇨ Il faut sévir ....

5. La réunion se passera sans moi.

⇨ Je suis tombé malade et j'ai un arrêt de maladie.......................................

Exercice 6

Remplacez le verbe par un nom :

◆ Exemple : Il s'est donné beaucoup de mal pour organiser cette réunion.

⇨ Il s'est donné beaucoup de mal pour l'**organisation** de cette réunion.

Le stress du journaliste

1. Il a beaucoup travaillé pour obtenir son diplôme.

⇨ ....

2. Il s'est beaucoup démené pour être titularisé.

⇨ ....

3. Ensuite, il a intrigué pour être promu rapidement.

⇨ ....

4. Maintenant, il fait tout pour que ses projets réussissent.

⇨ ....

5. Il va régulièrement chez le coiffeur pour se faire couper les cheveux.

⇨ ....

6. Il ne critique jamais ses supérieurs de peur d'être licencié.

⇨ ....

7. Il n'ose pas dire ce qu'il pense de crainte d'être réprimandé.

⇨ ....

8. Il est prêt à tout pour être augmenté.

⇨ ....

Exercice 7

*Avec ou sans **pour**. Répondez aux questions en omettant « pour » si possible :*

◆ Exemple : Pourquoi est-ce qu'elle est montée au grenier ? (chercher de vieux livres)

⇨ Elle est montée au grenier **chercher** de vieux livres.

Pourquoi a-t-il déplacé la table ? (passer l'aspirateur)

⇨ Il a déplacé la table **pour passer** l'aspirateur.

1. Pourquoi est-ce qu'il est sorti ? (acheter des cigarettes)

⇨ ....

2. Pourquoi a-t-il descendu les meubles dans le garage ? (repeindre l'appartement)

⇨ ....

3. Pourquoi descend-il à la cave ? (choisir une bouteille)

⇨ ....

4. Pourquoi est-ce qu'il est parti ? (téléphoner)

⇨ ....

5. Pourquoi est-elle allée à Marseille ? (rendre visite à un ami)

⇨ ....

6. Pourquoi marche-t-il à quatre pattes ? (amuser les enfants)

⇨ ....

7. Pourquoi est-ce qu'il t'a fait monter au dernier étage ? (me montrer la vue)

⇨ ....

Exercice 8

*Avec ou sans **pour**. Complétez avec « pour », uniquement si « pour » est obligatoire :*

1. Il faut manger .... vivre et non vivre .... manger .

2. Va à l'épicerie .... me chercher de l'huile !

3. Il ne prend pas de vacances .... finir sa thèse et .... préparer sa soutenance.

4. Elle a beaucoup travaillé .... l'organisation du colloque et .... la publication des communications.

5. Passe chez Pierre .... lui apporter son courrier et .... lui demander comment il va.

6. Il s'est donné beaucoup de mal .... exposer clairement ses idées et .... répondre à toutes les questions.

7. Je suis venu .... te rapporter ton livre.

8. Il a monté quatre étages .... me dire bonjour.

9. « Au clair de la lune, mon ami Pierrot,

Prête-moi ta plume .... pour écrire un mot. » (chanson enfantine).

Exercice 9

*Complétez avec **pour que** ou **que** :*

1. .... votre vaisselle soit parfaitement propre et .... vos mains restent douces, utilisez, mesdames, notre nouveau produit.

2. Parlez plus fort .... tout le monde vous entende !

3. Prépare les bagages maintenant .... nous n'ayons pas à le faire demain.

4. Il a acheté une grande maison à la campagne .... sa famille puisse vivre au grand air et .... chacun de ses enfants ait sa chambre.

5. Cet écrivain a fait une série de conférences sur le sujet .... les gens soient informés, ... ils mesurent l'ampleur du problème et .... ils réagissent.

6. Venez .... je vous embrasse !

Le but
La proposition relative au subjonctif

Je cherche un studio **qui** ne **soit** pas trop cher.

Les propositions relatives qui contiennent une idée de but ont leur verbe au subjonctif.

• Après des verbes de recherche, comme : **chercher, rechercher, être à la recherche de, être en quête de,** (y) **avoir** (forme interrogative), **donner, indiquer** (impératif),...

> Je suis à la recherche d'un logement **qui soit** bon marché et **qui ait** une cuisine équipée.

> Y a-t-il dans votre agence quelque chose **qui puisse** me convenir ?

Remarque : Si l'objet de la recherche n'est pas hypothétique, le verbe de la relative est à l'indicatif.

> Je n'arrive pas à trouver l'agent immobilier **qui** m'**a fait** visiter des appartements.

> Je n'arrive pas à trouver un agent immobilier **qui** me **fasse** visiter des appartements.

• Après les verbes de souhait et de désir (souvent au conditionnel), comme : **souhaiter, désirer, aimer, vouloir, rêver de, tenir à,**...

> Vous souhaitez un appartement **où** il n'y **ait** pas de travaux à refaire ?

> Je souhaiterais plutôt un appartement **que** je **puisse** rénover.

• Après des verbes au conditionnel (le conditionnel exprime alors le souhait).

> Je n'habiterais pas dans un appartement **qui soit** loin du centre.

Remarque : En français oral, le subjonctif peut être remplacé par le conditionnel.

> Savez-vous où je peux trouver un appartement **qui** ne **soit** pas cher ?

> Vous savez où je peux trouver un appartement **qui** ne **serait** pas cher ?

· ·

Exercice 1

Répondez aux questions de l'agent immobilier en utilisant le subjonctif :

◆ Exemple : – Recherchez-vous un appartement situé au rez-de-chaussée ?

    – Non, je recherche un appartement (être situé dans les étages supérieurs).

    ⇨ – Non, je recherche un appartement **qui soit situé** dans les étages supérieurs.

L'agence immobilière

1. – Voulez-vous un appartement avec une mezzanine ?

    – Non, j'aimerais mieux un appartement (avoir un balcon).

    ⇨ – ....

2. – Vous aimeriez avoir une belle vue de votre appartement ?

    – Pas nécessairement. En fait, je préférerais un appartement (donner sur la cour).

    ⇨ – ....

3. – Vous avez une préférence pour le quartier ?

    – Certainement, je veux habiter dans un quartier (y avoir des cafés et des restaurants).

    ⇨ – ....

4. – Même si ce quartier est bruyant ?

    – Ah non ! Je ne voudrais pas habiter dans un quartier (y avoir trop de bruit).

    ⇨ – ....

5. – Que diriez-vous d'habiter loin du centre ? C'est tranquille et bon marché.

    – D'accord, mais je veux habiter dans une rue (être proche d'une station de métro).

    ⇨ – ....

6. – Je crois que nous avons ce qu'il vous faut.

    – Parfait. Trouvez-moi un appartement (me convenir) et je le prends.

    ⇨ – ....

Exercice 2

Répondez aux questions et faites le portrait de l'homme idéal :

◆ Exemple : – Être élégant, c'est important ?   ⇨ Oui, je cherche un homme **qui soit** élégant.

                                          ⇨ Non, je ne cherche pas un homme **qui soit** élégant.

L'agence matrimoniale

    1. – Savoir conduire, c'est important ?   ⇨ – ....

    2. – Fumer, c'est grave ?   ⇨ – ....

    3. – Et boire ?   ⇨ – ....

    4. – Gagner beaucoup d'argent, c'est important ?   ⇨ – ....

    5. – Être beau, c'est indispensable ?   ⇨ – ....

    6. – Ne pas avoir d'humour, c'est grave ?   ⇨ – ....

    7. – S'investir complètement dans son travail,   ⇨ – ....

        c'est bien ?

    8. – Ronfler, c'est gênant ?   ⇨ – ....

    9. – Vouloir des enfants, c'est préférable ?   ⇨ – ....

  10. – Être fidèle, c'est obligatoire ?   ⇨ – ....

Exercice 3

Même exercice :

La femme idéale

    1. – Être intelligente, c'est important ?   ⇨ – ....

    2. – Et savoir s'habiller ?   ⇨ – ....

    3. – Gagner plus d'argent que vous, c'est gênant ? ⇨ – ....

4. – Et être plus grande ?   ⇨ – ....

5. – Et être plus âgée ?   ⇨ – ....

6. – Aimer son indépendance, c'est bien ?   ⇨ – ....

7. – Ne pas pleurer, c'est important ?   ⇨ – ....

8. – Savoir faire la cuisine, c'est nécessaire ?   ⇨ – ....

9. – Refuser de recevoir vos amis, c'est grave ?   ⇨ – ....

10. – Et accorder plus d'importance   ⇨ – ....
    à sa carrière qu'à la vôtre ?

Exercice 4

Subjonctif et conditionnel

Dialogue entre deux amis : l'un est snob, l'autre ne l'est pas. Répondez à l'ami snob en utilisant le conditionnel au lieu du subjonctif :

◆ Exemple : – Je n'irais pas dans un hôtel qui n'**ait** pas au moins trois étoiles.
     ⇨ – Moi, j'irais dans un hôtel qui n'**aurait** pas trois étoiles.

1. – Je n'habiterais pas dans un quartier qui ne soit pas fréquenté par des célébrités.

  ⇨ – ....

2. – Je ne mangerais pas une glace qui ne vienne pas de chez Berthillon.

  ⇨ – ....

3. – Je n'aimerais pas avoir des amis que je ne puisse pas situer socialement.

  ⇨ – ....

4. – Je n'irais pas dans un restaurant de fruits de mer qui ne propose pas de rince-doigts.

  ⇨ – ....

5. – Je refuserais d'aller à une réception où l'on ne serve pas de champagne.

  ⇨ – ....

6. – Et je ne boirais pas un champagne dont je ne connaisse pas l'origine.

  ⇨ – ....

Exercice 5

Subjonctif ou indicatif ?

Écrivez le verbe entre parenthèses au subjonctif ou à l'indicatif selon le contexte :

1. Je suis déjà venu dans ce village. Je sais qu'il y a une maison avec un pigeonnier. Je cherche cette maison
    qui (avoir) .... un pigeonnier.

2. J'ai besoin d'aide pour comprendre un texte écrit en russe. Je m'adresse à un groupe d'étudiants
    en médecine et je leur demande : « Y aurait-il quelqu'un qui (connaitre) ....
    le russe ? »

3. J'ai reçu une lettre en espagnol. Je ne comprends pas cette langue. Dans ma classe de français langue
    étrangère, il y a des Mexicains et un Argentin. Je leur demande : « Il y a quelqu'un qui (pouvoir)
    .... me traduire cette lettre ? »

4. J'ai envie d'acheter le livre qui a gagné le prix Goncourt, mais je ne me souviens plus du titre. Je dis au libraire : « Je cherche le livre qui (venir) .... d'avoir le prix Goncourt. »

5. Bonjour monsieur, vous habitez dans cette rue ? Pourriez-vous m'indiquer la maison où Balzac (vivre) .... ?

6. Je ne savais pas que la cuisine était si épicée dans ce restaurant. Quand j'y reviendrai, je demanderai au serveur un plat qui ne (être) .... pas trop épicé.

7. Je sais, docteur, que je dois faire du sport. Mais je suis très pris. Pourriez-vous m'indiquer une activité sportive qui ne me (prendre) .... pas beaucoup de temps ?

8. « J'ai une migraine épouvantable. Donnez-moi un médicament qui me (faire) .... de l'effet immédiatement. » « Tenez, je vous donne ce médicament qui (agir) .... tout de suite sur les douleurs. »

Exercice 6

Remplacez l'adjectif souligné par une proposition relative à l'indicatif ou au subjonctif :

◆ Exemple : – Auriez-vous un livre en français facile à lire ?

⇨ – Auriez-vous un livre en français **qui soit facile** à lire ?

– Nous en avons un très simple, vous n'aurez pas de difficultés à comprendre.

⇨ – Nous en avons un **qui est très simple,** vous n'aurez pas de difficultés à comprendre.

1. – Excusez-moi, je ne suis pas d'ici, connaitriez-vous dans les environs un restaurant bon marché.

⇨ – ....

2. – Oui, je peux vous en indiquer un pas trop cher.

⇨ – ....

3. – C'est près d'ici ? Je ne voudrais pas d'un restaurant trop éloigné. J'ai un train dans une heure.

⇨ – ....

4. – C'est un peu loin. Mais je peux vous conseiller un restaurant tout proche de la gare.

⇨ – ....

5. – Vous verrez, c'est un restaurant avec des spécialités typiques de la région.

⇨ – ....

• • • • • • • • • • • • • •

La cause
Les subordonnées de cause à l'indicatif (I)

Je ne peux pas aller au théâtre **parce que** je n'ai pas pu trouver de place.

Puisque tu ne peux pas aller au théâtre, viens avec nous au cinéma.

Cause connue / cause inconnue

I. Cause inconnue

• **Parce que** répond à la question **pourquoi** ? ou introduit une cause non connue (dans ce cas, la subordonnée suit la principale). La cause exprime un fait réel, le verbe est à l'indicatif.

> Pourquoi n'es-tu pas venu hier ? **Parce que** j'étais malade.
>
> Je n'ai pas pu venir hier **parce que** j'étais malade.

Remarque : Lorsque les deux propositions ont le même sujet, le pronom sujet et le verbe « être » de la subordonnée peuvent disparaitre :

> J'étais absent **parce que** malade.

• **D'autant plus que** renforce une cause déjà annoncée ou introduit la cause. Comme avec **parce que,** la subordonnée suit la principale.

> Je n'irai pas à cette soirée, j'ai peur de m'y ennuyer, **d'autant plus que** je ne connais personne.
>
> Je n'irai pas à cette soirée (j'ai peur de m'y ennuyer, j'ai du travail en retard), **d'autant plus que** je ne connais personne.

• Les variantes **d'autant que** et **surtout que** sont plutôt utilisées à l'oral.

> Je n'ai pas envie de sortir ce soir, **surtout que** j'ai du travail en retard.

Remarque : **Parce que, d'autant plus que, d'autant que** et **surtout que** peuvent être suivis du conditionnel si le fait annoncé exprime une éventualité.

> Je n'ai pas insisté **parce qu'**il se serait fâché.

II. Cause connue

• **Puisque, du moment que, dès lors que** annoncent une cause connue et entraînent une conséquence. La subordonnée précède plutôt la principale.

> J'irai seul à cette soirée **puisque** tu ne veux pas y aller.
>
> **Puisque** tu ne vas pas à cette soirée, tu peux me prêter ta voiture.
>
> **Du moment que** ce n'est pas possible, je n'insiste pas.

Exercice 1

*Cause connue ou cause inconnue ? Transformez les deux phrases en une seule en utilisant **parce que**
ou **puisque** :*

◆ Exemple : Tu peux lui demander de l'aide. C'est ton ami.

⇨ **Puisque** c'est ton ami, tu peux lui demander de l'aide.

1. – Vous viendrez demain à cette réunion ?

– Non, je ne pourrai pas venir. Je dois aller chercher ma sœur à l'aéroport.

⇨ – ....

2. – Tu peux m'aider. Tu n'as rien d'autre à faire.

⇨ – ....

3. – C'est inutile d'insister pour que j'aille à cette soirée. Tu sais très bien que je ne veux pas y aller.

⇨ – ....

4. – Pourquoi est-ce que je ne t'ai pas téléphoné ? Je ne voulais pas te déranger.

⇨ – ....

5. – Ne va pas au bureau ! Tu es malade.

⇨ – ....

Exercice 2

*Dans les petits textes suivants, la cause est-elle connue ou inconnue ? Indiquez le type de cause en
utilisant **parce que** ou **puisque** :*

◆ Exemple : Je sais que la soirée sera formidable, mais je ne veux pas y aller. J'ai peur d'y rencontrer mon ex.

⇨ Je ne veux pas y aller **parce que** j'ai peur d'y rencontrer mon ex.

1. C'est vrai que tu n'as actuellement aucun moyen de te déplacer. Les bus et les métros sont en grève,
le taxi coute trop cher. Mais je ne peux pas te prêter ma voiture. Elle est au garage en réparation.

⇨ ....

2. Monsieur le directeur. Veuillez excuser mon absence de la semaine dernière. Il m'a été impossible de venir
au bureau. J'avais une forte grippe.

⇨ ....

3. Tu me demandes des renseignements sur la Corse, région où je ne suis jamais allé. Je ne peux donc
te donner aucune information. Mais tu pourrais en demander à tes voisins. Ils sont corses.

⇨ ....

4. Je regrette que nous ne puissions pas aller ce soir dans ce restaurant. Mais quand j'ai téléphoné cet après-
midi pour réserver une place, on m'a répondu que c'était impossible. Une agence de voyage avait déjà réservé
toute la salle pour un groupe de touristes.

⇨ ....

....

5. Allo ? Ma secrétaire m'apprend que vous n'avez pas pu venir pour des problèmes de santé. Ne vous tracassez
pas pour le travail, nous sommes en période creuse. D'ailleurs, c'est inutile de revenir avant la semaine prochaine. Vous êtes malade.

⇨ ....

Exercice 3

*Reliez les propositions en utilisant (si possible) les conjonctions **parce que** et **d'autant plus que** :*

◆ Exemple : Je reste à la maison, il fait froid dehors, je n'ai pas de manteau.

⇨ Je reste à la maison, **parce qu'**il fait froid dehors, **d'autant plus que** je n'ai pas de manteau.

1. Je ne veux pas aller à Zurich, je parle mal l'allemand, je ne comprends pas l'accent suisse.

⇨ ....

2. Hier, j'ai rencontré un ami que j'avais perdu de vue depuis une éternité, je l'ai reconnu tout de suite, il est resté le même.

⇨ ....

3. Hier, je suis allé me promener, j'ai rencontré un ancien camarade d'école que je n'avais pas vu depuis six ans, il n'a pas changé.

⇨ ....

4. Tu n'y arriveras pas, c'est trop difficile pour toi, tu ne fais aucun effort.

⇨ ....

5. Je sors, je prends un parapluie, il risque de pleuvoir.

⇨ ....

6. Je vous quitte, on m'attend, j'ai été heureux de bavarder avec vous.

⇨ ....

7. Elle n'a pas fait bonne impression, elle est arrivée en retard, elle ne s'est même pas excusée.

⇨ ....

8. Ce n'est pas le moment de le déranger, il a beaucoup de travail, il est en retard sur son programme.

⇨ ....

9. Il a attrapé un rhume, il est sorti sans se couvrir, il faisait très froid hier.

⇨ ....

Exercice 4

*Décidez quelle est la cause principale du problème dans la classe et utilisez **surtout que** :*

◆ Exemple : Cet étudiant n'est à jamais à l'heure. Il vient à pied, il habite loin.

⇨ Cet étudiant n'est jamais à l'heure, **parce qu'**il habite loin, **surtout qu'**il vient à pied.

ou : ⇨ Cet étudiant n'est jamais à l'heure, **parce qu'**il vient à pied, **surtout qu'**il habite loin.

1. Il a raté son examen. Il n'avait pas beaucoup travaillé pendant le semestre, les questions étaient particulièrement difficiles.

⇨ ....

2. Elle n'est pas venue hier au cours. Le programme ne l'intéressait pas, elle voulait passer l'après-midi avec son copain.

⇨ ....

3. On ne l'aime pas dans la classe. Il se moque des autres, il n'aide personne.

⇨ ....

4. Elle n'aime pas le professeur. Il explique mal. Il ne fait pas attention à elle.

⇨ ....

5. Il reste toujours seul. Il ne parle à personne. Il est timide.

⇨ ....

Exercice 5

Transformez la condition en cause :

◆ Exemple : Si je lui avais prêté de l'argent, il ne me l'aurait jamais rendu.

⇨ Je ne lui ai pas prêté d'argent, **parce qu'**il ne me l'aurait jamais rendu.

Les bonnes excuses !

1. Si j'étais sorti avec toi, tu n'aurais pas été heureuse.

⇨ ....

2. Si je l'avais hébergé pour quelques jours, il serait resté pendant des semaines.

⇨ ....

3. Si je m'étais arrêté pour lui parler, il m'aurait entretenu de ses problèmes pendant des heures.

⇨ ....

4. Si je t'avais dit la vérité, tu ne m'aurais pas crue.

⇨ ....

5. Si je n'avais pas prétexté un rendez-vous, elle se serait incrustée.

⇨ ....

6. Si je lui avais dit que sa nouvelle coiffure ne lui allait pas, elle se serait vexée.

⇨ ....

Exercice 6

Faites l'ellipse (suppression du pronom sujet et du verbe « être ») si possible :

◆ Exemples : Il a été renvoyé parce qu'il était incompétent.   ⇨ Il a été renvoyé **parce qu'incompétent.**

Il a été renvoyé parce qu'il ne travaillait pas assez. ⇨ Ellipse impossible.

1. Il a réussi parce qu'il est très travailleur.   ⇨ ....

2. Il est absent parce qu'il a eu un accident.   ⇨ ....

3. Il n'aura pas ce poste parce qu'il est trop âgé.   ⇨ ....

4. Il est triste parce qu'elle est partie.   ⇨ ....

5. Elle le console parce qu'il est triste.   ⇨ ....

6. Il est absent parce qu'il est grippé.   ⇨ ....

La cause
Les subordonnées de cause
à l'indicatif (II)

Comme il est trop tard pour prendre le métro, tu peux passer la nuit ici.

Il a voulu que je passe la nuit chez lui **sous prétexte qu'**il était trop tard pour le dernier métro.

Cause connue ou inconnue

I. La subordonnée de cause précède la principale

Comme annonce un constat. Ce constat peut exprimer une cause connue ou inconnue de l'interlocuteur. La subordonnée de cause introduite par **comme** précède toujours la principale.

> **Comme** tu es fort, tu peux m'aider à porter ce meuble (cause connue).
>
> **Comme** il était trop tard pour prendre le métro, j'ai pris un taxi (cause inconnue).

Remarque : **Comme** peut aussi exprimer la comparaison :

> J'ai fait **comme** vous me l'avez indiqué.

ou le temps (simultanéité) :

> **Comme** j'étais à cette soirée, j'ai rencontré un ami que je n'avais pas vu depuis un an.

Dans ce cas, la subordonnée introduite par **comme** ne précède pas toujours la principale.

II. La subordonnée de cause précède ou suit la principale

• **Sous prétexte que** annonce une cause connue ou inconnue, mais jugée contestable ou fausse.

> **Sous prétexte qu'**il ne connait personne, il a refusé de venir à cette soirée.
>
> Il a refusé de me prêter sa voiture **sous prétexte que** je conduis mal.
>
> Je refuse de faire son travail à sa place **sous prétexte qu'**il est malade.

• **Étant donné que, attendu que, vu que** sont surtout employés dans des démonstrations scientifiques ou dans le langage juridique et administratif (dans ce cas, la subordonnée de cause précède plutôt la principale).

> **Vu que** vous n'avez pas déclaré le vol à temps, l'assurance ne pourra pas vous rembourser.
>
> Je n'ai pas pu déclarer le vol, **vu que** j'étais en vacances.

Remarque : Dans le cas de répétition d'une conjonction de cause (parce que, puisque, comme, sous prétexte que, vu que...), la seconde peut être introduite par **que** suivi de l'indicatif :

> J'ai pris un taxi parce que j'étais pressé et parce que les bus sont trop lents.
>
> ⇨ J'ai pris un taxi parce que j'étais pressé et **que** les bus sont trop lents.

Exercice 1

Indiquez si la conjonction « comme » exprime la cause, le temps ou la comparaison, et remplacez la conjonction « comme » par **puisque, parce que, au moment où, ainsi que**. *Attention : deux réponses peuvent être possibles :*

◆ Exemple : Comme j'allais sortir, le téléphone a sonné.

      ⇨ Temps : **Au moment où** j'allais sortir, le téléphone a sonné.

1. Comme j'allais payer, je me suis aperçu que j'avais oublié mon argent.

   ⇨ ....

2. Comme je l'avais annoncé, je donne ma démission.

   ⇨ ....

3. Comme vous êtes brésilien, vous parlez portugais.

   ⇨ ....

4. Comme je n'avais pas beaucoup d'argent, je ne les ai pas accompagnés au restaurant.

   ⇨ ....

5. Comme vous le savez, je n'ai pas beaucoup d'argent.

   ⇨ ....

6. Comme elle n'a pas encore dix-huit ans, elle ne peut pas voter.

   ⇨ ....

7. Comme je m'ennuyais, je suis parti.

   ⇨ ....

8. Je suis arrivé comme elle partait.

   ⇨ ....

Exercice 2

Complétez avec **sous prétexte que** *ou* **étant donné que** :

Un peu de linguistique française

1. Il ne faut pas écrire *quand* avec un *t* .... on entend le son *t* dans la liaison : « quand il viendra ».

2. .... que les consonnes sonores s'assourdissent à proximité d'une consonne sourde, le *v* de *cheveu* se prononce *f* si le *e* muet n'est pas prononcé.

3. .... le participe passé des verbes avec auxiliaire *être* s'accorde toujours avec le sujet, certains Français accordent le participe passé des verbes pronominaux avec le sujet.

4. Il ne faut pas écrire *consonantique* avec deux *n* .... *consonne* en a deux.

5. Il est inutile d'essayer de former le passé simple du verbe *distraire*, ... ce dernier n'existe pas.

6. .... l'adverbe *demain* indique déjà le temps à venir, il n'est pas nécessaire, dans la phrase « demain, je vais au cinéma » de mettre le verbe *aller* au futur.

7. .... la subordonnée de cause exprime un fait réel, le verbe de cette subordonnée est à l'indicatif.

8. .... dans « c'est pourquoi » il y a un terme de cause, il ne faut pas en conclure que cette expression exprime la cause.

Exercice 3

*Complétez avec **sous prétexte que** ... **que**... ou **vu que** .... **que** ... :*

Êtes-vous puriste ?

1. .... la différence de prononciation entre *brin* et *brun* n'est plus perçue par la grande majorité des Français et .... seule une petite minorité est capable de la produire oralement, cette distinction phonétique n'est plus enseignée dans les classes de français langue étrangère.

2. .... la réforme de l'orthographe a été acceptée par l'Académie française et .... elle simplifie l'écriture, beaucoup de Français l'ont adoptée.

3. .... on entend de plus en plus la locution *malgré que* et .... même les médias l'utilisent, cette construction n'est plus considérée comme fautive.

4. .... le pronom indéfini *on* peut représenter un sujet masculin ou féminin, singulier ou pluriel et .... l'attribut s'accorde selon le sens, on accorde en genre et en nombre le participe passé des verbes (avec auxiliaire *être*) avec le sujet réel représenté par *on* : Mon frère et moi, on est allés au cinéma.

5. .... ce temps est archaïque et .... certaines de ses formes en *-asse* ou *-usse* prêtent souvent à rire, le subjonctif imparfait n'est presque plus utilisé en français.

● ○ ○ ● ○ ● ○ ● ○ ● ○ ● ○ ●

La cause
Les subordonnées de cause
au subjonctif

Je crois qu'il ne viendra pas. **Soit qu'**il n'en **ait** pas envie, **soit qu'**il ait trop de travail.
Je sais qu'il ne viendra pas. **Non qu'**il n'en **ait** pas envie, **mais parce qu'**il **a** trop de travail.

Lorsque la cause est incertaine ou non réelle, la subordonnée est au subjonctif.

I. Cause incertaine

• **Soit que ... soit que ...** (+ subjonctif)

Il n'est pas venu, **soit qu'**il **ait oublié** le rendez-vous, **soit qu'**il **ait eu** un empêchement.

Remarque :

Soit que ... soit que ... peut être remplacé par **soit que ... ou que ...** (+ subjonctif) :

Il n'est pas venu, **soit qu'**il **ait oublié** le rendez-vous, **ou qu'**il **ait eu** un empêchement.

– **Soit ... soit ...** Cette conjonction sans **que** demande l'indicatif. Elle est plutôt utilisée en français oral et correspond à : **ou bien ... ou bien ...** :

Il n'est pas venu, **soit** il **a oublié** le rendez-vous, **soit** il **a eu** un empêchement.

– En tête de phrase, **soit que ... soit que ...** peut être remplacé par : **que ... ou que ...** (+ subjonctif). Dans ce cas, la cause devient condition :

Qu'il **ait oublié** ce rendez-vous **ou qu'**il **ait eu** un empêchement, il aurait pu prévenir !

II. Cause non réelle

• **Non (pas) que ...** (+ subjonctif), **mais parce que ...** (+ indicatif).
• **Ce n'est pas que ...** (+ subjonctif), **(mais)** c'est que (c'est parce que) ... (+ indicatif).

Il n'est pas venu, **non qu'**il **ait oublié** le rendez-vous, **mais parce qu'**il **a eu** un empêchement.
Il ne viendra pas. **Ce n'est pas qu'**il n'en **ait** pas envie, **c'est qu'**il **est** fatigué.

Remarque :

– Lorsque **ce n'est pas que** constitue une justification, le verbe peut être à l'indicatif (français oral) :

Ce n'est pas que je ne **voulais** pas venir, c'est que j'ai eu un empêchement.

– **Ce n'est pas parce que, non parce que** demandent l'indicatif :

Il n'est pas venu, **ce n'est pas parce qu'**il n'en **avait** pas envie, mais parce qu'il était fatigué.

Exercice 1

*Complétez par **soit que, ou que, soit** ou **que*** :

L'angoissé et l'insouciant

1. – Je suis surpris qu'elle n'ait pas encore téléphoné.

   – Ne t'inquiète pas. Il peut y avoir plusieurs explications. .... elle n'ait pas eu le temps, ou .... elle n'ait pas trouvé de cabine téléphonique.

2. – On voit bien que ce n'est pas ta copine ! Et si la tienne ne te donnait pas de nouvelles pendant plus d'une semaine, comment est-ce que tu réagirais ?

   – Eh bien, je penserais qu'elle a eu un petit problème : .... elle a perdu mon numéro de téléphone, ... elle est dans un endroit où il n'y a pas de téléphone.

3. – Incroyable ! Et tu ne t'inquiéterais pas ?

   – Mais non ! Pourquoi imagines-tu le pire ? .... elle ne peut pas téléphoner, ... elle n'y pense pas.

4. – Qu'elle n'y pense pas !? Mais ça voudrait dire qu'elle ne t'aime plus !

   – Ne sois pas si pessimiste ! Il peut y avoir des tas de raisons : .... elle n'ait pas de carte téléphonique, ... tous les appareils téléphoniques soient en panne, ou .... elle soit trop malade pour téléphoner,...

5. – Malade ? Je suis sûr qu'elle est malade ! C'est pour ça qu'elle ne m'a pas téléphoné !

   – .... elle soit malade .... elle ait oublié, il faut toujours que tu t'angoisses !

Exercice 2

Réécrivez cette lettre en utilisant, si possible, le subjonctif :

Stratégie pour calmer un angoissé

Mon chéri,

Je sais que je ne t'ai pas téléphoné. Ce n'est pas que je n'en avais pas envie, mais c'était absolument impossible de trouver une cabine téléphonique. Et pourtant, ce n'est pas le désir qui m'en manquait. Je sais ce que tu penses. Mais crois-moi, ce n'est pas que je ne voulais pas, c'est que je ne pouvais pas ! Je suis pardonnée ?   Grosses bises !

Ta Solange

⇨ ....

....

....

Exercice 3

*Répondez en contestant la cause proposée (**ce n'est pas que** + subjonctif) et en présentant la
cause réelle (**c'est que** + indicatif) :*

◆ Exemple : – Tu ne fais plus attention à moi. Tu ne m'aimes plus. (avoir des soucis en ce moment)
⇨ – Mais non ! **Ce n'est pas que** je ne t'aime plus, **c'est** que j'ai des soucis en ce moment.

La scène interminable

1. – Tu as toujours des soucis ! La vérité, c'est que tu veux rompre. (avoir besoin de calme)
⇨ – ....

2. – Tu n'en as pas, du calme, avec moi ? Ça serait plus simple d'avouer que tu ne veux plus me voir.
(ne pas être très disponible en ce moment)
⇨ – ....

3. – Égoïste ! Tu feras toujours passer tes problèmes personnels avant moi. (avoir vraiment des problèmes
urgents à résoudre)
⇨ – ....

4. – Et pourquoi tu ne me parles jamais de tes problèmes ? Tu crois que je suis trop bête pour comprendre ?
(ne pas vouloir t'ennuyer avec ça)
⇨ – ....

5. – On ne partage jamais rien ! Tu ne me fais jamais confiance. (être le seul à pouvoir régler ces problèmes)
⇨ – ....

6. – Je les imagine, tes problèmes ! Tu as rencontré quelqu'un d'autre. (avoir fait une erreur au travail et en
craindre les conséquences)
⇨ – ....
....

Et c'est ça qui t'empêche de faire attention à moi ? Tu ne m'aimes plus. Etc. Etc.

La cause
Les prépositions de cause

Ne me dis pas que c'est **à cause de** moi que tu n'as pas réussi !

En tout cas, ce n'est pas **grâce à** toi !

I. Préposition + nom

• **Grâce à** annonce une cause positive, **à cause de** une cause neutre ou négative.

> **À cause de** la grève, je suis en retard. Je suis arrivé à l'heure **grâce à** toi.

• **Du fait de, en raison de, par suite de** annoncent une cause neutre ou technique.

> Les cours seront suspendus **du fait de** la grève.

> **Par suite d'**encombrements, votre demande ne peut aboutir

• **Vu, attendu** (invariables), **étant donné** (accord facultatif) sont plutôt utilisés dans le langage administratif ou scientifique.

> **Vu** les problèmes que rencontre notre firme, une restructuration s'impose.

Remarque : **En vue de** n'exprime pas la cause mais le but :

> Discuter **en vue d'**un accord.

• **Faute de** indique le manque, **à force de** l'intensité ou la répétition.

> **Faute d'**argent, il se nourrit mal. **À force de** privations, il va tomber malade.

• **Pour** et **de** peuvent introduire la cause. **Pour** indique une récompense ou une punition, et **de** exprime une cause liée à des sentiments ou des sensations (sans article), des maladies (généralement avec article) dont la conséquence est physique (mourir, trembler, rougir) : trembler **de** froid, mourir **de** faim, mourir **d'un** cancer.

> Il a été condamné **pour** fraude fiscale. Il en était rouge **de** honte.

Remarque : Le complément de **pour** n'a pas d'article, sauf lorsque le substantif est lui-même prolongé par un complément de nom, un adjectif, une subordonnée relative... En revanche, les pronoms possessifs et démonstratifs sont possibles.

> Il a été condamné **pour** meurtre, **pour un** crime atroce, **pour un** crime qu'il n'a pas commis, **pour le** meurtre de son voisin. Il a été récompensé **pour ses** efforts, **pour cet** exploit.

• **Par** peut parfois servir de préposition de cause.

> Il fait grève **par** solidarité. Il a reçu cette lettre **par** erreur. Il s'est détourné **par** pudeur.

II. Préposition + infinitif

• **De, pour, à force de** et **sous prétexte de** + infinitif. Le sujet des deux verbes doit être le même.

> Il se rend malade **de** tant **travailler. À force de travailler,** il réussira.

Remarque :

– **Pour** (préposition de cause) est toujours suivi d'un infinitif passé :

> Il a été condamné **pour avoir commis** ce meurtre.

– **À** peut parfois remplacer **de** (français oral) :

> **À** tant travailler, il s'est rendu malade.

Exercice 1

*Cause positive ou cause négative ? Reprenez l'information en utilisant **grâce à** ou **à cause de** :*

◆ Exemple : Je n'ai pas pu arriver à l'heure, il y avait une grève des transports.
    ⇨ Il n'est pas arrivé à l'heure **à cause d'**une grève des transports.

1. Je n'ai pas trouvé de taxi. Finalement mon voisin a accepté de me conduire en voiture. J'ai pu arriver à temps à la réunion.

    ⇨ ....

2. Il connait très bien la ville, il a pu éviter tous les embouteillages.

    ⇨ ....

3. J'ai quand même deux heures de retard. J'ai peur qu'il y ait une retenue sur mon salaire.

    ⇨ ....

4. S'il y a une retenue sur mon salaire, je vais être à découvert à la banque le mois prochain.

    ⇨ ....

5. Ce n'est pas si grave. Je n'aurai pas d'ennui, mes parents pourront m'aider.

    ⇨ ....

6. Mais j'ai envie d'envoyer la facture aux grévistes. Leur grève me fait perdre de l'argent.

    ⇨ ....

Exercice 2

*Transformez les phrases à l'aide de **en raison de** :*

◆ Exemple : La grève a eu lieu parce que les conditions de travail s'étaient aggravées.
    ⇨ La grève a eu lieu **en raison de** l'aggravation des conditions de travail.

1. Pas de métro ce matin, parce qu'une certaine catégorie de personnel a arrêté le travail.

    ⇨ ....

2. La manifestation n'a pas été très suivie, parce que certains syndicats l'ont boycottée.

    ⇨ ....

3. Le métro ne marchera pas demain, parce que la grève se poursuit.

    ⇨ ....

4. Une nouvelle manifestation est prévue pour demain, parce que les négociations ont échoué.

    ⇨ ....

5. Après les agents de la SNCF et de la RATP, c'est le tour des postiers parce que leur pouvoir d'achat a baissé.

    ⇨ ....

6. Suivront ensuite les autres employés du secteur public parce que leurs problèmes sont similaires.

    ⇨ ....

Exercice 3

Transformez selon les modèles suivants :

◆ Exemples : Comme il peut, nous ne sortirons pas (à cause de).

⇨ **À cause de** la pluie, nous ne sortirons pas.

Nous avons raté le début du film à cause de ton retard (parce que).

⇨ Nous avons raté le début du film **parce que** tu étais en retard.

1. Faute d'argent, je ne peux pas m'offrir le restaurant (étant donné que).

⇨ ....

2. Il a réussi parce qu'il a beaucoup travaillé (à force de).

⇨ ....

3. Je n'ai rien dit parce que je suis poli (par).

⇨ ....

4. La situation est grave, nous devons prendre des mesures immédiates (vu).

⇨ ....

5. Il finira par nous lasser, parce qu'il se plaint trop (à).

⇨ ....

6. Ce n'est que parce qu'il me l'a expliqué que j'ai compris ce texte difficile (grâce à).

⇨ ....

7. Étant donné notre parenté, il n'y a rien d'étonnant à ce que je lui ressemble (puisque).

⇨ ....

8. Comme il n'y avait plus de poires, j'ai acheté des pommes (faute de).

⇨ ....

9. Il tremble parce qu'il a froid (de).

⇨ ....

10. Il a été félicité pour ses bons résultats (parce que).

⇨ ....

Exercice 4

Trouvez dans ce texte les prépositions de cause :

Vu le danger que représentent certains animaux errants, les maires doivent prendre toutes dispositions en vue d'empêcher la divagation des chiens et des chats. Beaucoup de maires ne suivent pas ces prescriptions, étant donné le flou sémantique du terme « divagation ». Flou sémantique, mais non juridique, attendu la définition du Code pénal : « Tout chien abandonné, livré à son seul instinct, est en état de divagation ».

⇨ ....

Exercice 5

*Remplacez les prépositions par la conjonction **comme** :*

1. Vu la mauvaise conjoncture économique actuelle, ⇨ ....

2. Attendu l'augmentation des charges sociales, ⇨ ....

3. Étant donné la baisse de nos bénéfices, ⇨ ....

4. Vu l'impossibilité de garder tout le personnel, ⇨ ....

5. Et enfin étant donné votre faible rendement, ⇨ ....

Vous comprendrez que nous soyons obligés de nous passer de vos services !

Exercice 6

*Amour, faim, fièvre jaune, froid, joie, peur, vieillesse, épuisement. Trouvez la cause du décès. Utilisez la préposition **de** (suivie ou non d'un article : du, de la) :*

◆ Exemple : Il a trop travaillé. ⇨ Il est mort **d'épuisement.**

1. Il revenait d'un pays tropical. ⇨ ....

2. Il ne mangeait pas suffisamment. ⇨ ....

3. Il l'aimait trop. ⇨ ....

4. Il avait cru voir un fantôme. ⇨ ....

5. Il était presque centenaire. ⇨ ....

6. Il n'a pas supporté cette bonne nouvelle. ⇨ ....

7. Il a voulu traverser le Groenland. ⇨ ....

Exercice 7

Associez la première à la seconde colonne :

1. Se gonfler   A. de surprise

2. Tomber   B. de satisfaction

3. Trembler   C. de dépit

4. Souffrir   D. d'aise

5. Sursauter   E. de démangeaisons

6. Rougir   F. d'orgueil

7. Pleurer   G. de froid

8. Soupirer   H. de fatigue

1	2	3	4	5	6	7	8

Exercice 8

*Reliez les deux phrases à l'aide de **pour** ou **sous prétexte de** (+ infinitif passé) :*

◆ Exemples : Jean Valjean, un personnage des *Misérables* de Victor Hugo a été condamné à la prison. Il avait volé un pain ⇨ **pour avoir volé** un pain.

Socrate a été condamné à mort. Il aurait perverti la jeunesse d'Athènes ⇨ **sous prétexte d'**avoir perverti la jeunesse d'Athènes.

Les causes célèbres

1. Le poète Clément Marot (1496-1544) a été emprisonné. Il avait mangé du lard un vendredi.

   ⇨ ....

2. Jeanne d'Arc a été livrée au bûcher. Elle aurait été une sorcière.

   ⇨ ....

3. Galilée a été condamné. Il avait affirmé que la terre tournait autour du soleil.

   ⇨ ....

4. Danton a été guillotiné. Il aurait été un ennemi de la République.

   ⇨ ....

5. Baudelaire a été poursuivi. Il aurait écrit des livres pornographiques.

   ⇨ ....

6. Dreyfus a été envoyé au bagne. Il aurait livré des secrets militaires à l'ennemi.

   ⇨ ....

7. Zola a été condamné à un an de prison. Il avait pris la défense de Dreyfus.

   ⇨ ....

8. Landru a été exécuté. Il avait tué ses épouses.

   ⇨ ....

Exercice 9

Comme, pour, faute de, à force de, à. *Dans les citations ou les proverbes suivants, y a-t-il une relation de but, de cause, de condition ou de comparaison ?*

1. « Faute de grives, on mange des merles. »   ⇨ ....

2. « Comme on fait son lit, on se couche. »   ⇨ ....

3. « Déshabiller Pierre pour habiller Paul. »   ⇨ ....

4. « Et le combat cessa, faute de combattants. »   ⇨ ....
   (Corneille)

5. « Chacun pour soi et Dieu pour tous. »   ⇨ ....

6. « Comme on connaît les saints, on les honore. »   ⇨ ....

7. « Donner un œuf pour avoir un bœuf. »   ⇨ ....

8. « À force de plaisir, le bonheur s'abime (Cocteau). »   ⇨ ....

9. « À vaincre sans péril, on triomphe sans gloire. »   ⇨ ....
   (Corneille)

10. « Il fut chassé à coup de pied pour n'avoir pas   ⇨ ....
    voulu chanter. » (chanson populaire)

Exercice 10

*Complétez avec les prépositions de cause **de (d')**, **pour**, ou **par** :*

L'amour, toujours l'amour !

1. Elle était enseignante, il était lycéen. Ils s'aimaient, mais l'opinion publique était contre eux. Le film qui raconte leur histoire s'appelle « Mourir.............. aimer ».

2. Il souffrait d'une maladie incurable. Elle a abrégé ses souffrances, elle l'a tué .... amour.

3. Roméo et Juliette sont célèbres .... leur amour.

4. Si Othello était si jaloux, c'est qu'il était fou .... amour.

5. « Ma chandelle est morte, je n'ai plus de feu. Ouvre-moi la porte, ... l'amour de Dieu. » (chanson enfantine)

6. « Belle Marquise, vos beaux yeux me font mourir .... amour » (Molière).

Exercice 11

Transformez les phrases suivantes en utilisant une préposition de cause suivie d'un nom ou d'un infinitif :

◆ Exemple : Il travaille trop, il va tomber malade.

⇨ **À force de** (à) trop travailler, il va tomber malade.

1. Elle n'a pas d'argent, elle ne pourra pas faire ce voyage.

⇨ ....

2. Dieu soit loué ! Il n'était pas dans l'avion qui s'est écrasé.

⇨ ....

3. Il y a eu une erreur, il a été convoqué à la place d'un autre.

⇨ ....

4. La marée noire est arrivée en Bretagne, les hôteliers craignent une baisse de fréquentation.

⇨ ....

5. Cet employé a été renvoyé : il avait commis une faute professionnelle.

⇨ ....

Cause et participe

Parti avant la fin du cours, je ne savais pas quels devoirs il fallait faire.

Ne le sachant pas, je ne les ai pas faits.

I. Le participe présent

Le participe présent peut exprimer la cause. Il a alors la valeur d'une subordonnée de cause introduite par **comme** et se place généralement en début de phrase.

> Comme la librairie était fermée, je n'ai pas pu acheter ce livre.
>
> ⇨ La librairie **étant** fermée, je n'ai pas pu acheter ce livre.
>
> Comme je n'ai pas lu ce livre, je ne peux pas en parler.
>
> ⇨ N'**ayant** pas **lu** ce livre, je ne peux pas en parler.

Ce type de construction se remarque surtout à l'écrit, particulièrement dans la correspondance.

> N'**étant** pas assuré social, vous ne pouvez pas bénéficier de nos prestations.

Le gérondif peut parfois remplacer le participe présent (si les verbes ont le même sujet).

> **Voulant** trop bien faire, il a tout gâché. **En voulant** trop bien faire, il a tout gâché.

II. Le participe passé

Le participe passé employé seul peut exprimer la cause.

> **Envoyé** en mission, il n'a pas pu participer à la réunion.

Il s'agit dans ce cas d'une simple suppression des participes auxiliaires **étant** ou **ayant été**, qui parfois alourdissent la phrase :

> **Ayant été envoyé** en mission, il n'a pas pu participer à cette réunion.
>
> **Arrivé** trop tard, j'ai raté le début du film.
>
> ⇨ **Étant arrivé** trop tard, j'ai raté le début du film.

● ●

Exercice 1

Trouvez les participes présents de ce texte et dites s'ils expriment la cause :

Monsieur,

Sachant que vous êtes à la recherche d'un informaticien, je me permets de vous proposer mes services. Étant spécialiste en informatique, je me sens particulièrement qualifié pour ce travail. Confiant dans mes possibilités, je suis prêt à accepter un poste de responsabilité. Restant à votre disposition pour tout renseignement que vous voudrez me demander, je vous envoie mon CV. Ne disposant pas d'une adresse électronique, je vous prierais de me faire parvenir votre réponse par courrier ou fax.

Espérant une réponse favorable de votre part, je vous prie d'agréer, monsieur, mes salutations distinguées.

1. ....   4. ....

2. ....   5. ....

3. ....   6. ....

Exercice 2

*Remplacez la subordonnée de cause introduite par « comme » par un **participe présent** :*

◆ Exemple : Comme vous n'êtes pas inscrit, vous ne pouvez pas suivre les cours.

⇨ N'**étant** pas **inscrit,** vous ne pouvez pas suivre les cours.

1. Comme la classe est surchargée, elle sera dédoublée.

⇨ ....

2. Comme le 1er Mai tombe un mardi, il n'y aura pas de cours lundi à cause du pont.

⇨ ....

3. Comme le magnétophone est en panne, nous ne pourrons pas écouter la cassette.

⇨ ....

4. Comme tout le monde n'est pas encore là, nous n'allons pas commencer quelque chose de nouveau.

⇨ ....

5. Comme la médiathèque est fermée aujourd'hui, vous travaillerez en bibliothèque.

⇨ ....

6. Comme vous ne connaissez pas encore le passé simple, vous ne pourrez pas faire cet exercice.

⇨ ....

7. Mais comme vous avez déjà étudié les autres temps du passé, vous pouvez faire les autres.

⇨ ....

8. Comme le cours est presque fini, nous n'allons pas pouvoir commencer une nouvelle activité.

⇨ ....

Exercice 3

Transformez selon les modèles suivants :

◆ Exemples : Elle a pris froid ; elle est malade ⇨ **Ayant pris** froid, elle est malade

Il a acheté des poireaux ; les asperges étaient trop chères ⇨ Les asperges **étant** trop chères, il a acheté des poireaux.

1. Il n'a pas pu s'inscrire ; il avait oublié ses papiers.

⇨ ....

2. Elle n'a pas acheté le manuel ; il est trop cher.

⇨ ....

3. J'ai été absent pendant deux semaines, j'ai du mal à suivre le cours.

⇨ ....

4. Elle ne connaît personne dans la classe ; elle est nouvelle.

⇨ ....

5. Les murs sont couverts de graffitis ; il va falloir les repeindre.

⇨ ....

6. Le bureau de la secrétaire est fermé ; elle s'est absentée pour l'après-midi.

⇨ ....

7. J'ai dû monter les cinq étages à pied ; l'ascenseur est réservé aux professeurs.

⇨ ....

8. Les étudiants vont faire la fête ce soir ; toute la classe a réussi l'examen.

⇨ ....

Exercice 4

Le participe passé seul est-il possible ? Supprimez, si possible, les participes d'auxiliaires :

◆ Exemples : Étant surchargé de travail, je ne peux pas sortir ce soir.

⇨ **Surchargé** de travail, je ne peux pas sortir ce soir.

Ayant étudié l'allemand pendant des années, je parle bien cette langue. ⇨ **Pas de suppression.**

1. Ayant été élevé en Roumanie, je parle roumain.

⇨ ....

2. Étant souvent allé en Allemagne, je connais bien ce pays.

⇨ ....

3. Ayant été fait prisonnier au début de la guerre, il n'a pas pu participer à la bataille finale.

⇨ ....

4. La cigale, ayant chanté tout l'été, se trouva fort dépourvue quand la bise fut venue (La Fontaine).

⇨ ....

5. Ayant pris du fromage, je n'ai pas droit à un dessert.

⇨ ....

6. Étant parti trop tôt, je n'ai pas vu la fin du film .

⇨ ....

7. Ayant quitté la salle avant la fin du film, je ne sais toujours pas qui est le coupable.

⇨ ....

8. Ayant été renvoyé de son entreprise, il se retrouve au chômage.

⇨ ....

La conséquence et l'indicatif

Il faisait très beau hier, **si bien que** je n'avais pas envie de rester chez moi.
Ma voiture était en réparation, **alors** je suis sorti à pied.

La conséquence s'obtient par la **coordination** ou par une conjonction de **subordination**.

I. Coordination

Adverbes ou conjonctions de coordination : donc, c'est pourquoi, ainsi, aussi, par conséquent, en conséquence, alors, dès lors.

> Je n'avais pas envie de marcher, **donc** j'ai pris le bus.

Remarque : **dès lors** exprime la conséquence, mais aussi le temps (à partir de ce moment), **dès lors que** exprime la cause. **Alors** peut exprimer la conséquence (donc) et le temps (ensuite), **alors que** exprime l'opposition, la concession ou le temps.

> **Alors que** j'attendais le bus, j'ai vu Pierre qui arrivait. C'est **alors** que le bus est arrivé.

• La coordination n'est pas nécessaire lorsque le rapport de conséquence est évident (éventuellement, la conjonction **et** peut être employée).

> Le bus était plein, j'ai pris le suivant.
>
> Je n'avais pas de billet : j'ai dû payer l'amende !

• En français écrit, à l'exception de **donc**, les termes de coordination lient plutôt deux phrases que deux propositions.

> Je n'avais pas d'argent sur moi. **C'est pourquoi** je n'ai pas pu payer l'amende.

Remarques :
– En tête de phrase, **c'est pourquoi** indique la conséquence, mais **pourquoi** indique la cause, particulièrement dans les titres de presse :

> **Pourquoi** les bus ne rouleront pas demain.

– Avec **aussi** et **ainsi**, l'inversion du pronom sujet est obligatoire en français écrit.

> Je n'ai pas pu payer l'amende. **Aussi** le contrôleur a-t-**il** pris mon nom et mon adresse.

• En français oral, **donc**, placé en fin de proposition, peut aussi exprimer le temps (à ce moment), l'emphase (renforce l'ordre ou l'interrogation) :

> Où est-il **donc** ? Tais-toi **donc** !

Il indique également un retour à ce dont il était question. Pour bien marquer la conséquence, on utilise **du coup**.

> Je donne mon nom et mon adresse, **donc**. Le bus s'arrête. Je sors, **donc**. Je ne regarde pas en traversant la rue. **Du coup,** j'ai failli me faire écraser.

• **D'où** et **de là** sont suivis d'un nom et non d'une proposition.

> Toute cette histoire m'a énervé, **d'où** ma mauvaise humeur.

II. Subordination

• **Conjonctions de subordination** (+ indicatif) : **si bien que, de sorte que, de façon que, de manière que**.

Avec ces conjonctions de conséquence, l'infinitif ne remplace pas l'indicatif si le sujet est le même pour les deux verbes.

> J'ai oublié de donner au contrôleur le numéro de ma rue, **si bien que** je n'ai pas reçu l'amende.

• **De (telle) manière que, de (telle) façon que** – et parfois aussi **de (telle) sorte que** – indiquent souvent que la conséquence n'est pas due au hasard, mais qu'elle a été préparée et voulue. Suivies du subjonctif, ces conjonctions expriment le but. Dans ce cas, si le sujet est le même pour les deux verbes, l'infinitif remplace le subjonctif.

> Ils vont certainement faire des recherches **de manière à** me retrouver.
> Ils ont fait des recherches sur les habitants de ma rue **de telle façon qu'**ils m'ont vite retrouvé.

......

Exercice 1

Cause et conséquence. Transformez la cause en conséquence en utilisant les mots ou locutions entre parenthèses :

◆ Exemple : Comme il faisait très beau hier, je n'avais pas envie de rester chez moi (si bien que).
⇨ Il faisait très beau hier, **si bien que** je n'avais pas envie de rester chez moi.

1. J'ai pensé rendre visite à Anne car je ne l'avais pas vue depuis longtemps (alors).

⇨ ....

2. Je ne pouvais pas me rendre à pied chez elle, en effet elle habite loin (donc).

⇨ ....

3. Je ne pouvais pas y aller non plus en voiture, puisqu'elle était en réparation (dès lors).

⇨ ....

4. Puisque je n'avais pas d'argent sur moi, je ne pouvais pas prendre le bus (donc).

⇨ ....

5. Voulant absolument trouver un moyen d'y aller, je me suis mis à réfléchir (c'est pourquoi).

⇨ ....

6. À force de réfléchir, j'ai trouvé une solution (du coup).

⇨ ....

7. Comme Pierre habite à côté et qu'il a une voiture, j'ai pensé qu'il pourrait me la prêter (donc).

⇨ ....

8. Il a refusé parce qu'il croit que je conduis mal (aussi).

⇨ ....

9. Finalement, comme le temps se couvrait, je suis rentré chez moi (alors).

⇨ ....

Exercice 2

Cause ou conséquence ? Associez les deux colonnes entre elles et précisez s'il s'agit d'un rapport de cause ou de conséquence :

		Conséquence	Cause
1. Si elle parle si bien italien	A. c'est pourquoi on ne lui raconte plus rien		
2. Je pense	B. dès lors personne ne s'est inquiété.		
3. Voilà pourquoi	C. c'est que sa mère est romaine.		
4. Elle a prévenu à temps	D. aussi est-il toujours bien coiffé.		
5. Les étudiants se sont mis en grève eux aussi	E. parce que tu vas avoir trop chaud.		
6. Il répète tout	F. si bien qu'il n'a plus d'argent.		
7. Son père est coiffeur	G. donc je suis.		
8. J'allume le chauffage	H. dès lors que tu ne l'as pas vu.		
9. Ne t'habille pas ainsi	I. par solidarité.		
10. Ne critique pas ce film	J. votre fille est muette.		
11. Il a tout perdu au jeu	K. ainsi, tu n'auras pas froid		

1	2	3	4	5	6	7	8	9	10	11

Exercice 3

*Cause ou conséquence ? Vous êtes journaliste. Faites un titre avec **pourquoi** (cause) et un sous-titre avec **c'est pourquoi** (conséquence) :*

◆ Exemple : L'Italie n'a jamais perdu sur son terrain. Elle va gagner la coupe du monde.

　　　　⇨ **Pourquoi** l'Italie va gagner la coupe du monde.

　　　　⇨ L'Italie n'a jamais perdu sur son terrain. **C'est pourquoi** elle va gagner la coupe du monde.

1. Le président n'a pas pris le risque de mécontenter l'opinion : il a cédé.

⇨ ....

⇨ ....

2. Le ministre de l'Intérieur a démissionné. Le scandale était trop grand.

⇨ ....

⇨ ....

3. La gauche va gagner. La doite est divisée.

   ⇨ ....

   ⇨ ....

4. La droite profite des erreurs de la gauche. Elle peut gagner.

   ⇨ ....

   ⇨ ....

5. Les raisons de mécontentement s'accumulent. La rentrée sociale sera explosive.

   ⇨ ....

   ⇨ ....

Exercice 4

*Conséquence ou but ? Précisez si **de sorte que** indique la conséquence ou le but :*

◆ Exemple : Il avait bien préparé son entretien de sorte qu'il n'a pas eu de problèmes. **(Conséquence)**

  Il prépare soigneusement son entretien de sorte qu'il n'y ait pas de problèmes. **(But)**

1. Il a lu tout ce qu'il était possible de lire sur le problème de sorte qu'aucune question ne puisse le surprendre. (.................................)

2. Il s'est livré à une enquête approfondie de sorte qu'il avait une bonne connaissance de la situation. (.................................)

3. Ses amis lui ont donné des renseignements utiles de sorte qu'il soit bien préparé. (.................................)

4. Un ami l'avait amené la veille repérer les lieux de sorte qu'il ne perde pas de temps le lendemain. (.................................)

5. Personne ne l'a dérangé le soir avant l'entretien de sorte qu'il soit en forme le lendemain. (.................................)

6. Il a mis son meilleur costume de sorte qu'il a fait une excellente impression. (.................................)

7. Il n'y a pas eu de questions pièges de sorte qu'il ne sache pas y répondre. (.................................)

8. Il a répondu brillamment de sorte que l'entretien a été un succès. (.................................)

Exercice 5

*Indiquez le but ou la conséquence à l'aide de **de sorte que** + indicatif (conséquence), **de sorte que** + subjonctif, ou **de sorte de** + infinitif (but) :*

◆ Exemples : Il voulait absolument dîner dans ce restaurant ce soir-là. Il a réservé une table.

  ⇨ Il voulait absolument dîner dans ce restaurant ce soir-là, **de sorte qu'il a réservé** une table.

  Il a réservé à l'avance. Il voulait être sûr d'avoir une place.

  ⇨ Il a réservé **de sorte d'être** sûr d'avoir une place.

1. Il n'y avait pas de place en terrasse. Il s'est contenté d'une table en salle.

   ⇨ ....

2. Il n'a pas fumé. Il ne voulait pas incommoder ses voisins.

⇨ ....

3. Le garçon était lent. Il a attendu longtemps pour se faire servir.

⇨ ....

4. Il est au régime. Il n'a pas commandé de plats trop gras.

⇨ ....

5. Il n'a commandé qu'une demi-bouteille. Il n'avait pas envie de trop boire.

⇨ ....

6. Il n'a pas pris de dessert. Il n'avait plus faim.

⇨ ....

7. Il a jugé le service médiocre. Il n'a pas laissé de pourboire.

⇨ ....

8. Il avait garé sa voiture près du restaurant. Elle serait ainsi facile à retrouver.

⇨ ....

Exercice 6

*Temps ou conséquence ? Indiquez si dans ce dialogue **alors** exprime le temps ou la conséquence :*

1. – Depuis longtemps, je voulais aller dans ce restaurant ; alors j'ai réservé. (...................................)

2. – Tu as réussi à avoir de la place ? Tu as de la chance, alors ! (...................................)

3. – Quand je suis arrivé, il n'y avait pas de place en terrasse. On m'a quand même trouvé une place correcte dans la salle. Je m'assois et alors des gens s'installent à côté. (...................................)

4. – J'avais allumé une cigarette. Je ne voulais pas les gêner, alors je l'ai éteinte. (...................................)

5. – Le serveur est arrivé alors. (...................................)

6. – Tu sais que je suis au régime. Alors, j'ai commandé quelque chose de léger. (...................................)

7. – Finalement, ce restaurant n'est pas trop mal, mais le service n'est pas terrible. Tu comprends alors que je n'aie pas laissé un pourboire conséquent. (...................................)

Exercice 7

*Complétez avec **alors, alors que, dès lors, dès lors que** :*

.... je sortais du restaurant, je me suis aperçu que je ne savais plus où était ma voiture. Je me suis inquiété car ...., je risquais de rentrer chez moi à pied. ...., j'ai essayé de me souvenir où je l'avais laissée. Je me suis .... rappelé que je l'avais garée devant une librairie. ...., il m'a été facile de la retrouver. .... je savais qu'elle était devant une librairie, il m'a suffi de demander à un passant s'il y avait une librairie près d'ici.

Exercice 8

*Transformez les phrases en employant **d'où** ou **de là** :*

◆ Exemple : Il n'a pas réussi, il est déçu. ⇨ **D'où (de là)** sa déception.

1. Il a raté le bus, il est en retard. ⇨ ....

2. Elle n'a pas réussi à avoir ce qu'elle voulait, elle est insatisfaite. ⇨ ....

3. Nous ne nous entendions plus, nous avons divorcé. ⇨ ....

4. Je me suis senti agressé, j'ai réagi violemment. ⇨ ....

5. Il n'était pas d'accord, il a refusé de signer. ⇨ ....

6. Il n'a pas reçu l'information, il ignore tout de la situation. ⇨ ....

7. Elle n'a pas encore reçu confirmation, elle s'inquiète. ⇨ ....

8. Elle a passé deux ans aux États-Unis, elle connait bien l'anglais. ⇨ ....

Exercice 9

*Dans quelles phrases la conjonction **et** marque-t-elle la conséquence et peut-elle se remplacer par deux points (:) ?*

1. Il ne m'a pas donné sa nouvelle adresse et je ne peux pas le contacter. ☐

2. Il est parti et je l'aimais. ☐

3. Il fait froid et tu n'allumes pas le chauffage. ☐

4. Je mets mon manteau et je sors. ☐

5. Adieu, je pars et tu ne me reverras jamais. ☐

6. Finis cette lettre et j'irai la poster. ☐

7. Il est sorti sans se couvrir et il a pris froid. ☐

● ● ● ● ● ● ● ● ● ● ● ●

L'intensité et la conséquence

Les pluies sont diluviennes,
tant et si bien que les enfants ne peuvent même pas aller à l'école.

L'intensité entrainant une conséquence s'exprime par les adverbes **si, tellement, tant**.

• **Adjectif ou adverbe** : **si** ou **tellement** (+ adjectif ou adverbe) **que** (+ indicatif).

> Le temps était **si** mauvais **que** nous ne sommes pas sortis.

> L'orage est arrivé **tellement** vite **que** nous avons dû courir pour nous abriter.

Remarque : **Si bien que** ⇨ attention à ne pas confondre la conjonction (de sorte que) et l'adverbe suivi d'une conjonction (tellement bien que).

> Il pleuvait à verse, **si bien que** (de sorte que) je lui ai proposé de rester encore un peu.

> Il se sentait **si bien qu'** (tellement bien que) il est resté toute la soirée.

• **Verbe** : verbe conjugué + **tant** ou **tellement que** (+ indicatif).

> Il a **tant** plu **qu'**on a craint une inondation.

Remarque : **Tant que** ⇨ attention à ne pas confondre la conjonction de temps (aussi longtemps que) et l'adverbe d'intensité suivi d'une conjonction (tellement que).

> Ne sors pas **tant qu'**il pleut ! Il pleut **tant que** tu ne vas pas sortir maintenant !

• **Nom** : **tant de** ou **tellement de** (+ nom) **que** (+ indicatif).

> Il y a **tant de** neige qu'on ne peut presque plus sortir de chez soi.

Un tel, une telle, de tels, de telles peuvent aussi indiquer la conséquence.

> Le vent soufflait avec **une telle** force **qu'**il était impossible d'avancer.

Remarque : Avec certaines locutions verbales telles que **avoir faim, avoir soif, avoir peur, avoir mal, avoir froid,** les adverbes d'intensité sont **tellement** ou **si**.

> Les enfants ont eu **si** peur de l'orage **qu'**ils ont commencé à pleurer.

• **Autres moyens d'indiquer l'intensité et la conséquence :**

Les conjonctions **au point que, à tel point que, tant et si bien que** (+ indicatif).

> La tempête a été particulièrement violente, **à tel point que** beaucoup de gens sont sinistrés.

Remarques :

– Lorsque le sujet est le même pour les deux verbes, **au point que** peut devenir **au point de** (+ infinitif).

> La rivière a débordé, **au point d'**inonder quelques villages.

– **Au point de** peut être remplacé par la préposition **à** suivie de l'infinitif.

> Il gèle **à** pierre fendre (au point de fendre la pierre).

Tel que, telle que, tels que, telles que (+ indicatif).

> **La puissance de la tempête** était **telle** (la tempête était si puissante, la tempête avait une telle puissance) **que** tout le monde a pris peur.

Toutes ces constructions sont suivies de l'indicatif, mais le conditionnel est possible si la conséquence est hypothétique.

Ne sors pas. Il fait **si** froid **que** tu **risquerais** d'attraper un rhume.

• •

Exercice 1

*Répondez en utilisant l'adverbe d'intensité **si** ou **tant** suivi de la conjonction **que** :*

◆ Exemple : – Il est intelligent, mais pas au point de ne pas avoir besoin d'étudier.
⇨ – Si. Il est **si** intelligent **qu'**il n'a pas besoin d'étudier.

Le prodige

1. – Il est érudit, mais pas au point de pouvoir lire l'*Iliade* dans le texte.
⇨ – Si...

2. – Il a beaucoup lu, mais pas au point de connaitre toute la littérature française.
⇨ – Si...

3. – Il parle bien anglais, mais pas au point d'être complètement bilingue.
⇨ – Si...

4. – Il est doué, mais pas au point d'avoir réussi sans travailler.
⇨ – Si...

5. – Il a des connaissances sur le sujet, mais pas au point d'être considéré comme un expert.
⇨ – Si...

6. – Il a une démarche originale, mais pas au point de faire école.
⇨ – Si...

7. – Il a écrit des articles, mais pas au point d'être connu du grand public.
⇨ – Si...

8. – Il est connu à l'étranger, mais pas au point d'être invité comme spécialiste.
⇨ – Si...

9. – Il est célèbre, mais pas au point que les médias se l'arrachent.
⇨ – Si...

Exercice 2

*Transformez l'adverbe **tellement** en **si** ou **tant** et trouvez la nationalité, la ville ou le pays :*

◆ Exemple : Certains projets sont tellement (**si**) irréalistes qu'ils sont appelés des châteaux en **Espagne**.

anglais, chinois, grec, Munich, Pérou, Rome, scandinave, slave, Turc

1. Il émane d'eux tellement (..................) de séduction qu'on parle en français du charme
....

2. Ils mènent une vie tellement (.................) saine et naturelle qu'on parle de fraicheur ....

3. Leur force est tellement (.................) proverbiale qu'on dit : fort comme un ....

4. Cette ville symbolisait tellement (.................) le centre du monde qu'on dit toujours : « Tous les chemins mènent à .... »

5. Leur esprit est tellement (.................) subtil qu'on qualifie un travail ardu, délicat et difficile de casse-tête ....

6. Les hommes de ce pays s'habillent avec tellement (.................) d'élégance qu'on cherche en France à imiter ce style, le chic ....

7. Cette région produit une bière tellement (.................) célèbre que l'expression : « On n'emporte pas sa bière quand on va à .... », est passée en proverbe.

8. Le nez de leurs ancêtres a tellement (.................) représenté un certain idéal de beauté qu'on appelle un beau nez classique un nez ....

9. Ce pays était considéré comme tellement (.................) riche que lorsqu'on veut insinuer qu'une situation financière est médiocre, on utilise l'expression : « Ce n'est pas le .... »

Exercice 3

*Dans le texte suivant, remplacez **tant que** et **si bien que** par **aussi longtemps que, tellement que, de sorte que** ou **tellement bien que***

Elle avait appris à chanter dès son plus jeune âge, si bien qu' (1. ....) à l'adolescence, elle chantait si bien que (2. ....) ses parents ont décidé de l'inscrire au Conservatoire. Le directeur lui a expliqué que tant qu'(3. ....) elle pourrait concilier le Conservatoire et le lycée, il n'y aurait pas de problèmes. Un jour, il a dû la convoquer et lui dire :

– Tu travailles tant que (4. ....) tu n'as plus de temps pour tes études, si bien que (5. ....) ton absentéisme au lycée devient inquiétant.

Elle lui a répondu qu'elle continuerait à privilégier son travail au Conservatoire tant qu' (6. ....) elle n'aurait pas maitrisé parfaitement toutes les techniques du chant. Il s'est alors fâché et l'a prévenue que tant qu'(7. ....) il serait directeur du Conservatoire, il n'accepterait pas cette attitude. Depuis, elle ne rate plus aucun cours au lycée. Au Conservatoire comme au lycée, elle travaille si bien que (8. ....) le directeur n'a plus de motif de se plaindre.

Exercice 4

*Dites si la préposition **à** indique un rapport de cause, de condition ou de conséquence :*

◆ Exemple : C'est triste à pleurer. ⇨ **Conséquence** (à tel point qu'on pourrait pleurer)

1. – À t'écouter, on pourrait croire que tu as beaucoup aimé ce film.   ⇨ ....
   – Mais oui, il était très drôle. C'était à hurler de rire.   ⇨ ....

2. – <u>À</u> manger tant de chocolat, il finira par avoir des problèmes.   ⇨ ....

– C'est vrai. Hier, il en a mangé <u>à</u> s'en rendre malade.   ⇨ ....

3. – <u>À</u> t'entendre, on dirait que tu ne l'aimes pas.   ⇨ ....

– Mais c'est vrai, il est bête <u>à</u> manger du foin !   ⇨ ....

4. <u>À</u> courir <u>à</u> perdre haleine, tu vas te rendre malade.   ⇨ .... + ...

5. Je l'aime <u>à</u> mourir.   ⇨ ....

Exercice 5

*Complétez avec **si, tant, tant de, au point de, au point que**, suivis de l'indicatif, de l'infinitif ou du conditionnel :*

◆ Exemple : Il y a **tant de** plats au menu que je ne **sais** pas lequel choisir.

1. – Tu n'as quand même pas faim .... (manger) .... cet énorme sandwich !

2. – Si ! J'ai .... faim que je (pouvoir) .... manger un cheval.

3. – Mais il n'est que trois heures. Et ce midi tu as .... mangé que tu ne (devoir) .... plus avoir faim !

4. – Ce n'est pas vrai. J'ai mangé .... peu que je (mourir) .... de faim.

5. – Tu manges .... qu'un jour tu (avoir) .... des ennuis.

6. – Absolument pas. Mon alimentation est parfaitement équilibrée, ... je n'(avoir) .... aucun problème.

7. – Il y a pourtant .... gens qui ont des problèmes à cause d'une alimentation trop riche que tu (devoir) .... faire attention.

Exercice 6

*Transformez les phrases en utilisant **tel que, telle que, tels que, telles que** :*

◆ Exemple : Le vent avait une telle force que la maison tremblait.
       ⇨ La force du vent était **telle** que la maison tremblait.

1. L'ouragan était si puissant que la région a été dévastée.

   ⇨ ....

2. Les villageois ont eu si peur qu'ils se sont réfugiés dans la ville voisine.

   ⇨ ....

3. Les sinistrés étaient très nombreux, à tel point que les autorités ont été prises de court.

   ⇨ ....

4. Les dégâts étaient tellement importants qu'il a fallu déclencher le plan ORSEC.

   ⇨ ....

5. La reconstruction occasionnera de tels frais qu'il faudra lever un impôt exceptionnel.

   ⇨ ....

6. Mais déjà, on prévoit tant de difficultés que les sinistrés se sont regroupés en association.

   ⇨ ....

La conséquence et le subjonctif

– Ton travail **n'**est pas **si** prenant **que** tu n'**aies** pas le temps de t'occuper de tes enfants !
– Mon travail est **trop** prenant **pour que** je **puisse** m'occuper de mes enfants.

I. – Négation et interrogation

• Lorsque la **principale** qui comporte un degré d'intensité entrainant une conséquence est à **la forme négative ou interrogative,** la subordonnée est au **subjonctif.**

> Elle **n'**est **pas** sérieuse au point que je lui **fasse** confiance.
>
> **Est-elle si** disponible que je **puisse** lui demander de travailler à n'importe quelle heure ?

• L'impossibilité d'échapper à la conséquence peut s'exprimer par **sans que + subjonctif.** Le **verbe de la principale** (souvent le verbe pouvoir) est à la **forme négative.**

> Je **ne** peux **pas** mettre une annonce pour une baby-sitter **sans que** des dizaines de personnes se **présentent.**

Si les deux verbes ont le **même sujet,** l'**infinitif** remplace le subjonctif.

> Je ne peux pas mettre une annonce **sans recevoir** une dizaine de candidatures.

Remarque : **Sans que** peut aussi exprimer l'**opposition** ou la **condition** :

> Je ne l'engagerai pas **sans que** tu **sois** d'accord (si tu n'es pas d'accord).

II. assez / trop .... pour que

La subordonnée de conséquence est au **subjonctif** lorsqu'elle est introduite par **pour que.**

• **Adjectif ou adverbe : assez / trop** (+ adjectif ou adverbe) ... **pour que** (+ subjonctif)

> – Je crois qu'elle est **trop** jeune **pour que** je la **prenne** comme baby-sitter.
> – Mais non, elle est **assez** grande **pour que** tu **puisses** lui confier tes enfants.
> – Dis-le lui **assez** tôt **pour qu'**elle **ait** le temps d'organiser ses horaires.

• **Verbe :** (verbe) **assez / trop .... pour que** (+ subjonctif)

> Elle n'aime pas **assez** les enfants **pour que** je l'**engage** comme baby-sitter.
> De plus elle crie **trop pour qu'**ils **soient** en confiance.

• **Nom : assez de / trop de** (+ nom) ... **pour que** (+ subjonctif)

> Il y a **trop d'**incertitudes **pour que** nous **prenions** une décision maintenant.
> Mais il y a **assez de** points positifs **pour que** nous **envisagions** une réponse favorable.

Remarque : Lorsque le sujet des deux phrases est le même, l'**infinitif** remplace généralement le subjonctif.

> Elle est trop polie pour **être** honnête.

• **suffisamment, pas assez, trop peu**

Suffisamment peut remplacer **assez.** À la forme négative, **assez** et **trop** deviennent **pas assez** et **trop peu.** Le sens est alors le même.

> Elle n'a **pas suffisamment / pas assez / trop peu** d'expérience pour qu'on l'engage.

Remarque : Devant un adverbe, **trop peu** est impossible.

> Elle ne travaille **pas assez** consciencieusement pour que je lui confie ce travail.

Exercice 1

Dites si vous êtes d'accord ou non avec les affirmations suivantes. Dans votre réponse, utilisez l'intensité (si, tant, tant de) et la conséquence (que). Attention, si la principale est négative, la subordonnée est au subjonctif :

◆ Exemple : La cuisine française a beaucoup de qualités. Elle est sans égale.

⇨ La cuisine française a **tant de** qualités qu'elle est sans égale.

⇨ La cuisine française **n'**a **pas tant de** qualités qu'elle **soit** sans égale.

1. Le vin français est bon. Il ne connait pas de rival.

   ⇨ ....

2. Les Français sont aimables avec les étrangers. Les étrangers se sentent chez eux en France.

   ⇨ ....

3. La langue française est facile. Elle s'apprend en quatre mois.

   ⇨ ....

4. La vie en France est chère. Le touriste étranger qui vient y passer ses vacances doit être riche.

   ⇨ ....

5. En français, il y a beaucoup d'exceptions. L'étudiant étranger ne peut pas les retenir toutes.

   ⇨ ....

6. Les Français parlent vite. Les étrangers ont du mal à comprendre.

   ⇨ ....

7. La carte de séjour est facile à obtenir. Il suffit d'en faire la demande.

   ⇨ ....

8. Les Français sont souvent en retard. Il faut toujours les attendre.

   ⇨ ....

9. La mode parisienne est célèbre. Elle sert de modèle au monde entier.

   ⇨ ....

10. Paris offre beaucoup d'attractions. Tout le monde veut y habiter.

    ⇨ ....

11. Les grèves sont très fréquentes. On peut dire qu'elles sont cycliques.

    ⇨ ....

Exercice 2

Répondez en utilisant trop (de) ou assez (de) ... pour que + subjonctif ou ... pour + infinitif :

◆ Exemple : – J'ai fait quelques erreurs à l'examen. Tu crois que je vais réussir quand même ?

⇨ – Non, tu as fait **trop de** fautes **pour réussir.**

1. – Tu le connais un peu ? Tu peux nous présenter ?

   ⇨ – Oui, ...

2. – Ce livre est cher. On l'achète quand même ?

   ⇨ – Non, ...

3. – C'est très loin. Tu y vas quand même ?

➩ – Non, ...

4. – Elle t'est sympathique ? Tu vas l'inviter ?

➩ – Oui, ...

5. – Tu as des problèmes. Je peux t'aider ?

➩ – Non, ...

6. – Tu es fatigué. Tu veux sortir ?

➩ – Non, ...

7. – Il te reste de l'argent ? On peut prendre un autre verre ?

➩ – Oui, ...

8. – Il est étrange. On lui confie ce travail quand même ?

➩ – Non, ...

Exercice 3

Faites des phrases en utilisant **assez, assez de, trop, trop de .... pour, pour que ...** *:*

◆ Exemple : Je fais confiance à son jugement. Je suis ses conseils.

➩ Je fais **assez** confiance à son jugement **pour** suivre ses conseils.

1. Elle m'a dit du bien de ce film. J'ai eu envie de le voir.

➩ ....

2. Il y avait beaucoup de monde. Je n'ai pas eu de place.

➩ ....

3. J'avais très envie de voir ce film. Je ne voulais pas attendre la nouvelle séance.

➩ ....

4. Je savais que le film passait dans un autre cinéma. Mais c'était loin. À pied, je n'y serais pas arrivé à temps.

➩ ....

5. J'avais de l'argent. J'ai pris un taxi.

➩ ....

6. Je suis arrivé rapidement. J'ai pu voir le film.

➩ ....

Exercice 4

Transformez la condition en conséquence en utilisant **sans que** *(+ subjonctif) ou* **sans** *(+ infinitif) :*

◆ Exemples : Si je lui refuse quelque chose, il se met en colère.

➩ Je ne peux pas lui refuser quelque chose **sans qu'**il se **mette** en colère.

Si je fais un biberon, je me brule. ➩ Je ne peux pas faire un biberon **sans** me **bruler.**

La complainte de la baby-sitter

1. Si je quitte la pièce cinq minutes, il pleure.

➩ ....

2. Si je joue avec sa grande sœur, il est jaloux.

⇨ ....

3. Si j'allume la télévision pendant qu'il dort, il se réveille.

⇨ ....

4. Si je le laisse seul, il fait une bêtise.

⇨ ....

5. Si je prends quelque chose dans le frigidaire, les parents le remarquent.

⇨ ....

6. Si je téléphone à un copain, la grande sœur le répète à ses parents.

⇨ ....

7. Si je lis un livre, je suis sure d'être dérangée.

⇨ ....

8. Si je le laisse manger seul, il se salit.

⇨ ....

9. Et si je me plains, les parents me disent que je ne sais pas m'y prendre !

⇨ ....

Exercice 5

Complétez avec **pas assez, pas assez de** *ou* **trop peu, trop peu de** :

La complainte des parents

1. Elle a .... expérience pour qu'on lui fasse entièrement confiance.

2. Elle n'a .... patience avec les enfants pour être une bonne baby-sitter.

3. Elle n'est .... ponctuelle pour qu'on la recommande à nos amis.

4. Elle est .... motivée pour faire du bon travail.

5. Elle n'est .... bien élevée pour s'abstenir de piller le frigidaire et de se servir du téléphone.

6. Elle donne .... satisfaction pour qu'on la reprenne.

Exercice 6

Relevez dans ces extraits de fables de La Fontaine les termes de conséquence :

◆ Exemple : « Si ce n'est toi, c'est donc ton frère. »   ⇨ **Donc**
Le loup et l'agneau

Littérature et conséquence

1. « Mais rien ne vient m'interrompre :

Je mange tout à loisir. »   ⇨ ....
Le rat des villes et le rat des champs

2. « La chétive pécore

S'enfla si bien qu'elle creva. »   ⇨ ....
La grenouille qui veut se faire aussi grosse que le bœuf

3. « [...] je me vais désaltérant

Dans le courant

Plus de vingt pas au-dessous d'elle ;

Et que par conséquent, en aucune façon,

Je ne puis troubler sa boisson. »   ⇨ ....

Le loup et l'agneau

4. « Ce brouet fut par lui servi sur une assiette :

La cigogne au long bec n'en put attraper miette. »   ⇨ ....

Le renard et la cigogne

5. « Le vent redouble ses efforts

Et fait si bien qu'il déracine

Celui de qui la tête au ciel était voisine. »   ⇨ ....

Le chêne et le roseau

6. « Sire Rat accourut, et fit tant par ses dents

qu'une maille rongée emporta tout l'ouvrage. »   ⇨ ....

Le lion et le rat

7. « Comment ? des animaux qui tremblent devant moi !

Je suis donc un foudre de guerre ! »   ⇨ ....

Le lièvre et les grenouilles

8. « Le Père mort, les Fils vous retournent le champ,

Deçà, delà, partout : si bien qu'au bout de l'an

il en rapporta davantage. »   ⇨ ....

Le laboureur et ses enfants

9. « Les tourterelles se fuyaient :

Plus d'amour, partant plus de joie. »   ⇨ ....

Les animaux malades de la peste

10. « Tous approchaient du bord ; l'oiseau n'avait qu'à prendre. » ⇨ ....

Le héron

11. « L'un d'eux, s'ennuyant au logis,

Fut assez fou pour entreprendre

Un voyage en lointain pays. »   ⇨ ....

Les deux pigeons

12. « Un chat, nommé Rodilardus,

Faisait des rats telle déconfiture

Que l'on en voyait presque plus. »   ⇨ ....

Conseil tenu par les rats

13. « Et le pauvre Baudet si chargé, qu'il succombe. » ⇨ ....

Le cheval et l'âne

14. « J'ai tant fait que nos gens sont enfin dans la plaine. » ⇨ ....

Le coche et la mouche

● ○ ● ○ ● ○ ● ○ ● ○ ● ○ ●

La concession
coordination, adverbes, prépositions, « avoir beau »

Il veut s'arrêter de fumer, **mais** il n'y arrive pas **malgré** ses efforts.

La concession indique une conséquence inattendue, en opposition avec les faits annoncés. Elle peut s'exprimer par des conjonctions de coordination ou de subordination, des adverbes, des prépositions ou par la locution **avoir beau**.

• Coordination : **mais** et **or**

> Il sait que le tabac est dangereux pour la santé, **mais** il ne veut pas s'arrêter de fumer.

Or ajoute une information supplémentaire favorable ou défavorable qui justifie la concession. Cette conjonction, généralement suivie d'une virgule, peut aussi indiquer une simple circonstance temporelle.

> J'avais très envie de fumer. **Or,** je n'avais pas de cigarettes (**concession**).
> J'avais très envie de fumer. **Or,** j'étais devant un bureau de tabac (**temps** : à ce moment-là).

Remarque : La conjonction **et** peut parfois marquer la concession :

> Tu ne fumes plus **et** tu me demandes une cigarette !

• Adverbes : **pourtant, cependant, néanmoins, toutefois, quand même, tout de même**

> Son médecin l'a prévenu, **cependant** il continue de fumer.

Toutefois et **néanmoins** sont plutôt **littéraires, quand même** et **tout de même** sont **familiers.**

> Tu devrais **tout de même** t'arrêter de fumer !

Remarque : **Quand même** peut se trouver en fin de phrase et éventuellement doubler une première marque de concession :

> On lui a dit d'arrêter **mais** il continue **quand même**.

• Prépositions : **malgré, en dépit de**

> **En dépit de** nombreux essais, il n'a toujours pas réussi à arrêter de fumer.
> Il fume toujours, **malgré** les conseils de son médecin.

• Avoir beau + infinitif

Le sujet du verbe « avoir » est celui de l'infinitif. « Beau » reste invariable. Cette locution se place en tête de phrase.

> Elle voulait arrêter, elle n'y arrivait pas. ⇨ Elle **avait beau** vouloir arrêter, elle n'y arrivait pas.

Remarque : À un temps composé, deux constructions sont possibles :

> Elle **a eu beau faire** des efforts. / Elle **a beau avoir fait** des efforts, elle n'a pas réussi.

Exercice 1

*Concession, temps ou conséquence ? Ajoutez à la conjonction **et**, **pourtant** (concession), **puis** (temps) ou **donc** (conséquence) :*

◆ Exemple : Il m'a invité et **pourtant** je n'y suis pas allé.

1. Tu m'avais dit que tu viendrais et .... tu n'es pas venu.

2. Je vais faire une course et .... je reviens.

3. Tu n'as pas d'argent et .... tu vas dans des restaurants de luxe.

4. Il faisait chaud et .... je lui ai demandé de brancher le ventilateur.

5. Il fait très chaud et .... tu gardes ta veste !

6. J'ai travaillé jusqu'à midi et .... je suis sorti manger.

7. Son téléphone était en dérangement et .... je n'ai pas pu le prévenir.

8. Je m'habille et .... j'arrive.

9. Il est myope et .... il ne porte pas de lunettes.

10. J'étais malade et .... je ne suis pas venu.

Exercice 2

*Répondez en remplaçant **et** par la préposition **malgré (+ nom)** :*

◆ Exemple : – Il pleut et tu sors ! ⇨ – Oui, **malgré la pluie,** je sors.

Le fumeur invétéré

1. – Tu avais promis d'arrêter de fumer et tu ne le fais pas !

   ⇨ – ....

2. – Le médecin te l'a interdit et tu continues de fumer !

   ⇨ – ....

3. – Tu risques d'attraper un cancer du poumon et tu ne veux pas arrêter !

   ⇨ – ....

4. – Le prix des cigarettes a augmenté et tu continue à dépenser une fortune en tabac.

   ⇨ – ....

5. – Il y a des avertissements sur tous les paquets de cigarettes et tu ne t'inquiètes pas !

   ⇨ – ....

Exercice 3

*Transformez les phrases suivantes en remplaçant **malgré** par **mais** :*

◆ Exemple : Nous arriverons à temps malgré l'embouteillage.

   ⇨ Il y a un embouteillage **mais** nous arriverons à temps.

1. Malgré les difficultés que nous avons rencontrées, nous avons réussi à terminer ce travail.

   ⇨ ....

2. Malgré la neige, il est encore possible de faire des promenades.

⇨ ....

3. Le bâtiment n'est toujours pas attrayant malgré sa rénovation.

⇨ ....

4. Il est venu travailler malgré sa maladie.

⇨ ....

5. Malgré les efforts qu'il fait pour se rendre aimable, personne ne semble l'apprécier.

⇨ ....

6. Malgré mon aide, il n'a pas eu le poste.

⇨ ....

7. Il n'a pas été invité malgré sa célébrité.

⇨ ....

8. Malgré les efforts consentis par notre entreprise, il n'a pas été possible de trouver un accord.

⇨ ....

9. Malgré son mariage, il continue à vivre en célibataire.

⇨ ....

10. Il a pris la parole malgré sa timidité.

⇨ ....

Exercice 4

*Dans les phrases suivantes, la conjonction **or** a valeur de temps ou de concession. Remplacez-la par un terme de temps comme **justement** (précisément, à ce moment) ou de concession comme **et pourtant** :*

1. – Tu m'avais promis d'apporter le livre hier. Or (............................), tu ne l'as pas fait.

2. – Mais si. Je suis passé hier avec le livre. Or (............................), tu n'étais pas là.

3. – Ce n'est pas grave. Ce matin, je suis allé à la bibliothèque. Je me suis demandé si je pouvais trouver ce livre. Or (............................), il y était.

4. – Tu as eu de la chance. Je te disais que j'étais passé chez toi hier. Or (............................), en sortant de chez toi, j'ai rencontré Nathalie.

5. – C'est bizarre, je la croyais à l'étranger. Or (............................), tu viens de me dire que tu l'as croisée hier.

6. – Elle vient juste de rentrer. Elle voulait depuis longtemps travailler dans une maison d'édition. Or (............................), un poste s'est libéré la semaine dernière. C'est pour cela qu'elle est rentrée.

Exercice 5

Soulignez le ou les termes de conséquence (entre parenthèses) possibles dans la phrase :

◆ Exemple : – Tu n'as pas encore repeint ton studio, tu m'avais (<u>pourtant</u>, mais, beau, <u>cependant</u>) dit que tu voulais le faire hier.

1. – Je voulais repeindre mon studio, (mais, malgré, pourtant) c'était trop de travail.

2. – Ce n'est (tout de même, mais, or, pourtant) pas la mer à boire.

3. – Je sais. (Mais, quand même, et, en dépit) ça m'aurait (quand même, mais, or) pris toute une journée.

4. – Je serais bien venu t'aider (quand même, mais, malgré) j'avais un emploi du temps très chargé.

5. – J'ai eu (cependant, beau, malgré, mais) téléphoner à plusieurs amis, je n'en ai trouvé aucun pour m'aider.

6. – Tu aurais pu commencer, (tout de même, or, malgré, cependant) tout.

7. – (En dépit de, mais, cependant, malgré, quand même) tout ce que tu peux penser, j'avais commencé à lessiver les murs. (En dépit de, malgré, quand même, mais) j'ai eu de la visite et je n'ai pas pu continuer.

8. – Tu as toujours de bonnes excuses ! Et (mais, malgré, pourtant, or), tu ne peux rester dans un studio dont les murs sont si sales.

9. – (Beau, malgré, mais, en dépit de) si ! Ça ne me dérange pas.

Exercice 6

*Remplacez les termes de conséquence par la locution **avoir beau + infinitif** :*

◆ Exemple : Il parle mal anglais, et pourtant il s'obstine à vouloir converser avec cette Américaine.
   ⇨ Il **a beau** parler mal anglais, il s'obstine à vouloir converser avec cette Américaine.

1. Il sait qu'elle ne va pas lui répondre, il lui écrit quand même.

 ⇨ ....

2. Il a plus de vingt ans mais il se comporte comme un enfant.

 ⇨ ....

3. Malgré sa mauvaise prononciation, elle arrive à se faire comprendre.

 ⇨ ....

4. Il n'a pas de montre, il est pourtant ponctuel.

 ⇨ ....

5. En dépit de son ignorance du solfège, elle chante juste.

 ⇨ ....

6. Il s'est dépêché, il est cependant arrivé en retard.

 ⇨ ....

7. Il est d'une méfiance maladive ; il s'est néanmoins laissé abuser par ce commerçant peu scrupuleux.

 ⇨ ....

8. Elle est économe, il lui arrive pourtant de manquer d'argent.

 ⇨ ....

9. Malgré ses diplômes, elle a du mal à trouver du travail.

 ⇨ ....

10. Ce projet ne correspond pas à ce que nous recherchons ; il n'est toutefois pas sans intérêt.

 ⇨ ....

11. Je t'aime mais je pars.   ⇨ ....

12. Je pars mais je t'aime.   ⇨ ....

Exercice 7

Reliez les deux propositions :

Brèves de comptoir

1. La vie ? Courte mais ....   A. honnête.

2. Je ne suis pas raciste, mais ...   B. c'est mal payé.

3. Paris est une ville agréable à visiter mais ....   C. c'est difficile à réussir.

4. Être enseignant est un beau métier, mais ...   D. certains étrangers exagèrent.

5. Le blanc, c'est beau, mais ....   E. je ne voudrais pas y habiter.

6. Les enfants, c'est gentil quand c'est petit, mais .... F. c'est salissant.

7. Le soufflé, c'est délicieux, mais ....   G. il pleut souvent.

8. Comme je le dis toujours : pauvre mais ...   H. il ne faudrait pas que ça grandisse.

9. La peinture à l'huile, c'est bien difficile, mais ... I. bonne.

10. La Bretagne est moins chère que la Côte d'Azur,   J. c'est bien plus beau que la peinture à l'eau.
    mais

1	2	3	4	5	6	7	8	9	10

Exercice 8

*Complétez avec le terme de conséquence qui convient (**beau, malgré, mais, pourtant**) :*

Quelques concessions célèbres

1. « Et .... , elle tourne ! » (Galilée)

2. « La garde meurt .... ne se rend pas ! » (Un officier de Napoléon)

3. « Nous étions les .... nous. » (Les Alsaciens engagés de force dans l'armée allemande pendant la Seconde Guerre mondiale)

4. « Le soleil a rendez-vous avec la lune, ... la lune ne vient pas et le soleil l'attend. » (Chanson de Charles Trenet)

5. « Vous avez .... dire, dès ce soir on vous fera frire. » (La Fontaine, *Le petit poisson et le pêcheur*)

6. « Des pâtes, des pâtes, oui .... des Panzani. » (célèbre publicité pour les pâtes Panzani)

Les subordonnées de concession

Quoiqu'il y ait peu de débouchés avec cette formation, elle s'est inscrite en Lettres classiques.
Même si elle obtient son diplôme, elle aura du mal à trouver un poste.

Les subordonnées de concession précèdent généralement la principale.

I. Les subordonnées de concession au subjonctif

• **Bien que, quoique, encore que** (plus littéraire), **malgré que** (cette forme familière ne s'emploie qu'à l'oral).

> **Bien qu'**il s'y **soit** pris très tard, il a réussi à s'inscrire à l'université.

Avec **quoique, bien que** et **encore que,** lorsque les deux propositions ont le même sujet, le pronom sujet et le verbe « être » peuvent être supprimés.

> **Quoique très moyen** en mathématiques, il a choisi une filière scientifique.

Avec **quoique** et **encore que,** la concession peut rester sous-entendue.

> Normalement, elle devrait pouvoir s'inscrire sans problème, **encore que** ...

• **Sans que** peut exprimer la concession (mais aussi la condition et la conséquence).

> On l'a orientée vers la filière Lettres, **sans qu'**elle **ait** une chance de réussir.

Remarque : Lorsque le sujet des deux propositions est le même, l'infinitif peut remplacer le subjonctif.

> Elle a demandé la filière Lettres **sans avoir** une chance de l'obtenir.

• **Quelque, si, aussi, pour, tout** (+ adjectif) **que** (+ subjonctif). Ces conjonctions allient concession et intensité.

> Il est très doué, mais ce concours est trop difficile pour lui.
>
> ⇨ **Si** doué **qu'**il **soit,** ce concours est trop difficile pour lui.

Dans la construction avec **si,** l'inversion du sujet peut remplacer **que** (forme littéraire).

> **Si** doué **soit-il,** il ne pourra jamais réussir ce concours.

Devant un adverbe, seul l'emploi de **quelque** et **si** est possible (construction littéraire).

> **Si vite qu'**il **soit** venu, il a trouvé le bureau des inscriptions fermé.

Remarques : – L'indicatif peut se trouver après **tout .... que.**

> **Tout** malin **qu'**il **est** (qu'il soit), il n'a pas réussi à se faire inscrire.

– **Tout** peut aussi servir de terme de concession avec un gérondif.

> **Tout en ayant** de bonnes notes au Bac, il n'a pas pu s'inscrire dans la section qu'il voulait.

• **Qui que, quoi que, (d')où que** (+ subjonctif), **quel, quelle, quels, quelles que soi(en)t, puisse(nt) être** (+ nom) indiquent que la personne, l'action ou le lieu n'ont pas d'importance.

> Vous pouvez dire ce que vous voulez. / Vous pouvez dire n'importe quoi.
>
> ⇨ **Quoi que** vous **puissiez** dire, il nous est impossible d'accepter votre dossier.
>
> Dites-leur bien que **qui qu'**ils **soient, quoi qu'**ils puissent dire, **d'où qu'**ils **viennent** et **quelles que soient** leurs justifications, on ne peut plus les inscrire.

II. Les subordonnées de concession à l'indicatif

Même si, si (lorsque le rapport de concession est évident), **alors que, tandis que, pendant que.**

> **Même si** elle **insiste,** ne l'inscrivez pas. Car **si** son dossier **est** bon, les inscriptions sont closes depuis plus d'une semaine.

Remarque : **Si, alors que, tandis que** et **pendant que** marquent aussi l'opposition.

> **Si (alors que)** le dossier du premier candidat est bon, celui du second est très moyen.

III. Les subordonnées de concession au conditionnel (constructions plutôt littéraires)

Quand bien même, quand (lorsque le rapport de concession est évident). La principale est aussi au conditionnel.

> **Quand bien même** vous **connaitriez** le président de l'université, je ne pourrais pas vous inscrire.
> **Quand** vous **seriez** le fils du ministre de l'Éducation nationale, je ne pourrais pas vous inscrire.

Remarque : La suppression de la conjonction est possible avec l'inversion du sujet (avec ou sans « que »). À l'oral, dans un style familier, il n'y a pas d'inversion du sujet et **que** est obligatoire.

> **Seriez-vous** le fils du ministre, **(que)** je n'aurais pas le droit de vous inscrire.
> **Vous seriez** le fils du ministre **que** je n'aurais pas le droit de vous inscrire.

● ●

Exercice 1

*Répondez aux questions en utilisant **bien que** :*

◆ Exemple : – Tu es à découvert à la banque et tu fais encore un chèque ?
> ⇨ – Oui. **Bien que** je sois à découvert à la banque, je fais un chèque.

1. – Tu n'as déjà plus de place dans ton studio et tu veux acheter cette immense statue ?
⇨ – Oui, ...

2. – Tu sais que ce commerçant ne fait jamais de réduction et tu marchandes ?
⇨ – Oui, ...

3. – Il n'y a jamais eu ce genre d'article dans ce magasin et tu vas demander s'ils en ont ?
⇨ – Oui, ...

4. – Elle ne veut pas te parler et tu continues de lui téléphoner ?
⇨ – Oui, ...

5. – Ton travail est agréable et tu veux démissionner ?
⇨ – Oui, ...

6. – Il est plus fort que toi et tu veux te battre avec lui ?
⇨ – Oui, ...

7. – Tout est fermé et tu sors chercher des cigarettes ?

⇨ – Oui, ...

8. – Tu le connais à peine et tu veux lui demander son aide ?

⇨ – Oui, ...

9. – Tu n'as jamais eu de chance au jeu et tu joues au loto ?

⇨ – Oui, ...

10. – Tu es fauché en ce moment et tu m'invites au restaurant ?

⇨ – Oui, ...

Exercice 2

Complétez par les termes de concession suivant : **quoique (quoiqu'), sans que, même si, quand bien même** :

1. C'est incroyable ! .... il sache que mon salaire tombe tous les mois, mon banquier refuse de me donner un carnet de chèques.

2. Je sais que je suis souvent à découvert. Il m'a même obligé à prendre une assurance .... je puisse refuser.

3. .... je fais très attention ce mois-ci, je n'arriverai pas à combler mon déficit.

4. Et .... je ne dépenserais que la moitié de mon salaire, il me refuserait toujours un carnet de chèques.

5. Tout va mal depuis l'arrivée de ce nouveau directeur. Avec l'ancien, ... on dépassait un peu le découvert autorisé, il n'y avait pas de problèmes.

6. Mais avec celui-là, tout est différent. .... je n'aie pas fait de dépenses extraordinaires, il n'arrête pas de me convoquer.

7. Il me traite comme un enfant irresponsable .... je puisse protester.

8. J'ai bien envie de changer de banque, ... celle où je suis soit bien pratique. Elle est juste en bas de chez moi.

9. Mais .... je m'y déciderais, ce serait difficile. Je leur dois encore trop d'argent.

Exercice 3

Condition ou concession ? Transformez la conjonction **sans que** *en* **si ne ... pas** *(condition) ou* **même si ne ... pas** *(concession) :*

◆ Exemple : Je ne le ferai pas sans que tu sois d'accord.
       ⇨ Je ne le ferai pas **si** tu **n'**es **pas** d'accord **(condition)**.

1. J'accepterais éventuellement de le faire sans que ça me rapporte de l'argent.

⇨ ....

2. Il n'a pas pu résister. Il est venu à cette fête sans que personne ne l'ait invité.

⇨ ....

3. Je ne t'aiderai pas sans que tu y mettes du tien.

⇨ ....

4. Tu n'y arriveras pas sans que je t'aide un peu.

⇨ ....

5. Je l'ai fait sans qu'on me l'ait demandé.

⇨ ....

6. Il n'aurait jamais fait cela sans que vous lui en ayez donné la permission.

⇨ ....

Exercice 4

Complétez par **quoi que (quoi qu')** *ou* **quoique (quoiqu')** :

1. Il est intelligent .... parfois trop original.

2. .... il soit nouveau dans l'équipe, il se débrouille bien.

3. .... on ait pu dire de lui dans le passé, il est maintenant très bien accepté.

4. .... le travail soit parfois fatigant, il ne s'en plaint jamais.

5. C'est vrai que c'est un travail pénible, ... intéressant.

6. .... il entreprenne, il a toujours réussi jusque-là.

7. Et .... il n'ait pas toujours la rigueur voulue, son travail nous donne toute satisfaction.

8. C'est pour cela que, ... vous en disiez, nous le garderons dans l'équipe.

Exercice 5

Répondez en utilisant les termes de concession suivants : **qui que, quoi que, où que, d'où que, quel (quelle, quels, quelles) que .... soit (soient)** :

◆ Exemple : – Bonjour monsieur, on m'a dit de m'adresser ici pour le renouvellement de ma carte de séjour.

⇨ – **Quoi qu'**on vous ait dit, ce n'est pas ici.

Un employé intraitable

1. – Mais je suis étudiant étranger et j'ai besoin d'un renouvellement.

⇨ – ...., vous n'êtes pas au bon endroit.

2. – Mais je viens de loin.

⇨ – ...., ça ne changera rien.

3. – Mais j'ai des excuses, on ....

⇨ – ...., cela ne changera rien au fait que vous n'êtes pas au bon endroit.

4. – Je peux vous dire que ....

⇨ – ...., ça ne changera rien à la situation.

5. – J'ai des appuis à la préfecture !

⇨ – ...., ils ne vous seront d'aucune aide ici.

6. – Bien, je vais aller au guichet d'à côté.

⇨ – Allez-y ! ...., vous aurez toujours la même réponse. Vous n'êtes pas au bon endroit.

7. – J'ai pourtant lu à l'entrée ....

⇨ – ...., je peux vous affirmer que ce n'est pas ici. Vous êtes dans le bureau de renouvellement des passeports et non des cartes de séjour.

Exercice 6

Quand et *si* : *concession, condition ou temps ? Ajouter (si possible) pour la concession :* **même (même si)** *et* **bien même (quand bien même)** :

◆ Exemples : Si tu voulais, on pourrait oublier tout cela (**condition**).
Quand tu serais vieux, pauvre et malade, je t'aimerais toujours (**concession**).
⇨ **Quand bien même** tu serais vieux et malade, je t'aimerais toujours.

1. « Si tu ne m'aimes pas, je t'aime. » (*Carmen*). (...)

2. « Et si je t'aime, prends garde à toi ! » (Toujours *Carmen*). (...)

3. Quand tu me le demanderais à genoux, je dirais toujours non. (...)

4. Si tu pars, je me tue ! (...)

5. Quand ma vie en dépendrait, que ce serait toujours non ! (...)

6. Quand tu me l'as juré, je ne t'ai pas cru. (...)

7. Si tu me le jurais, je ne te croirais pas. (...)

8. Quand je pense à tout ce que j'ai pu croire ... (...)

Exercice 7

Répondez aux questions en utilisant **si ... que** :

◆ Exemple : – Elle conduit vite. Elle n'a jamais eu d'accident ?
⇨ – Non. **Si** vite **qu'**elle conduise, elle n'a jamais eu d'accident.

1. – Elle est belle. Elle n'a jamais été miss France ?
⇨ – Non, ...

2. – Son loyer est élevé. Elle y consacre tout son salaire ?
⇨ – Non, ...

3. – Ses parents sont riches. Ils ne peuvent pas lui acheter un appartement ?
⇨ – Non, ...

4. – Elle a été malade. Elle en garde encore des séquelles ?
⇨ – Non, ...

5. – Elle est douée en informatique. Elle saura réparer mon ordinateur ?

   ⇨ – Non, ...

6. – Elle connait mal le quartier. Elle risque de se perdre ?

   ⇨ – Non, ...

Exercice 8

Si ... que (+ *subjonctif*) : *concession et conséquence. Transformez la concession en conséquence et vice-versa :*

◆ Exemple : Si intelligent qu'il soit, il n'a pas réussi à résoudre ce problème **(concession)**.
        ⇨ Il n'est pas **si** intelligent **qu'**il ait réussi à résoudre ce problème **(conséquence)**.

1. Il n'est pas si grand qu'il ait besoin de se baisser en passant sous la porte.

   ⇨ ....

2. Si jeune soit-il, il sait prendre ses responsabilité tout seul.

   ⇨ ....

3. Tu n'es pas si malin que tu puisses faire ce travail sans aide.

   ⇨ ....

4. Si importants que soient ses revenus, il ne peut pas se permettre cet achat.

   ⇨ ....

5. Il n'est pas si dépassé qu'on n'ait plus besoin de lui.

   ⇨ ....

6. Si illisible que soit son écriture, j'arrive à la déchiffrer.

   ⇨ ....

Exercice 9

*Complétez par **pour** ou **tout**. Attention, deux réponses sont quelquefois possibles :*

1. .... savant que vous êtes, vous ne connaissez pas la réponse à cette question.

2. .... intéressant que soit votre CV, vous ne correspondez pas à ce que nous recherchons.

3. Pourquoi continuez-vous à essayer de nous convaincre .... en sachant que vous n'y arriverez pas ?

4. .... polytechnicien que vous êtes, vous ne faites pas l'affaire.

5. .... motivé que vous soyez, vous n'avez pas assez d'expérience pour qu'on vous engage.

6. Nous vous ferons parvenir par lettre notre réponse, ... en ne vous cachant pas que votre candidature a peu de chances d'être retenue.

Exercice 10

Reprenez les affirmations en transformant le style littéraire en style standard ou familier selon les indications :

◆ Exemple : – Aussi bonne que soit la cuisine dans ce restaurant, il est infréquentable. (même si)

⇨ – Très juste. **Même si** la cuisine **est** bonne dans ce restaurant, il est infréquentable.

Exercice de style

1. – Ce restaurant serait-il le seul ouvert que je n'y retournerais pas. (même si)

   ⇨ – Moi non plus. ....

2. – Encore que les prix soient acceptables, je n'y remettrai plus les pieds. (malgré que)

   ⇨ – Moi non plus. ....

3. – Pour large que soit le choix des vins, ça ne compense pas l'attitude du personnel. (si)

   ⇨ – Tout à fait d'accord. ....

4. – Tout aimable qu'est le patron, cela ne compense pas le comportement des serveurs. (même si)

   ⇨ – Exact. ....

5. – Quelque rapidement qu'on soit servi, c'est toujours avec arrogance. (si)

   ⇨ – Bien dit. ....

6. – Quand bien même les serveurs feraient des efforts, je n'y retournerais pas. (même si)

   ⇨ – Moi non plus. ....

7. – Quand on me supplierait, je n'y retournerais pas. (même si)

   ⇨ – C'est comme moi. ....

8. – Me proposerait-t-on un repas gratuit, je refuserais. Encore que .... (que/quoique)

   ⇨ – Moi aussi. ....

● ● ● ● ● ● ● ● ● ● ● ● ●

L'opposition

Je n'irai pas au concert avec toi. **Par contre**, je veux bien t'accompagner au restaurant.

L'opposition exprime un contraste entre deux éléments de même nature. Contrairement à la concession, il n'y a pas de conséquence inattendue, en opposition avec les faits annoncés. Mais la frontière entre opposition et concession est mince et dépend largement du contexte.

> **Alors qu'**il pleut à Marseille, il fait beau à Paris.
>
> **Opposition** ⇨ s'il pleut à Marseille, cela n'entraine pas qu'il doive pleuvoir à Paris.
>
> **Alors qu'**il pleut, tu sors ?
>
> **Concession** ⇨ il pleut ; la conséquence attendue est de rester chez soi. Et pourtant ...

L'opposition s'exprime par des adverbes, des prépositions et des conjonctions de subordination suivies de l'indicatif.

• **Adverbes ou locutions adverbiales : au contraire, à l'opposé, inversement, à l'inverse, en revanche, d'un côté .... de l'autre..., par contre** (familier).

> Je n'aime pas les crêperies. **En revanche,** j'adore les restaurants chinois.
>
> **D'un côté,** j'aimerais bien t'accompagner, **de l'autre** j'ai promis à un ami de passer chez lui.

• **Prépositions : contrairement à, au contraire de, à l'inverse de, à l'opposé de, au lieu de.**

> **Contrairement à** toi, je n'ai pas beaucoup aimé ce restaurant.

Au lieu de peut être suivi d'un infinitif.

> **Au lieu de** prendre un digestif, je vais reprendre un café.

• **Conjonctions suivies de l'indicatif : alors que, autant ... autant** (opposition et comparaison), **pendant que** (opposition et temps), **tandis que, si.**

> **S'il** fait bon en terrasse, la chaleur est étouffante à l'intérieur de ce restaurant.
>
> **Pendant qu'**on est au frais, ceux qui sont à l'intérieur étouffent.
>
> **Autant** la cuisine est bonne dans ce restaurant, **autant** le service est détestable.

Alors que et **tandis que** peuvent aussi indiquer le temps.

> Il a dû passer **tandis que** j'étais au restaurant (temps).
>
> Moi, je prendrai un apéritif ; **tandis que** lui, il n'en prendra pas (opposition).

Remarque : **tandis que, alors que, pendant que** expriment selon le contexte l'opposition ou la concession.

> **Alors que** j'ai commandé du poulet, **elle** a choisi du poisson (**opposition**).
>
> **Alors qu'**elle n'aime pas le poisson, **elle** a commandé une truite (**concession**).

Exercice 1

*Opposition ou concession ? Remplacez la conjonction par **en revanche** (opposition) ou **et pourtant** (concession) :*

◆ Exemples : Il prend le menu gastronomique alors qu'il est au régime.

⇨ Il prend le menu gastronomique, **et pourtant** il est au régime (**concession**).

Mon ami prendra le menu gastronomique, alors que moi je me contenterai d'un seul plat.

⇨ Mon ami prendra le menu gastronomique, moi **en revanche** je me contenterai d'un seul plat (**opposition**).

Propos de restaurant

1. – Alors que nous avons commandé depuis plus de vingt minutes, nous ne sommes toujours pas servis.

⇨ – ....

2. – La lenteur du service t'énerve tandis que moi, ça m'est égal.

⇨ – ....

3. – Regarde ! Les voisins sont déjà servis alors qu'ils sont arrivés après nous.

⇨ – ....

4. – Pendant que tu ne t'intéresses qu'au service, je fais de l'œil à la jolie blonde en face.

⇨ – ....

5. – Tiens ! Tu as commandé un plateau de fruits de mer avec des huitres alors que ce n'est pas un mois en R.

⇨ – ....

6. – Si les huitres sont bonnes, les langoustines ne sont pas fraiches.

⇨ – ....

7. – Alors que j'ai fini mon plat, tu en es encore à ton plateau de fruits de mer.

⇨ – ....

8. – La blonde vient de partir sans te faire signe alors que tu m'avais dit qu'elle t'avait remarqué.

⇨ – ....

9. – Si je ne prends pas de dessert, je prendrais volontiers un café.

⇨ – ....

10. – Tu fumes avec ton café alors que je n'ai pas encore fini de manger.

⇨ – ....

11. – Si le service était déplorable, le menu était excellent.

⇨ – ....

Exercice 2

*Complétez avec **autant ... autant,** ou **d'un côté ... de l'autre,** selon le contexte :*

1. Je ne sais pas si je vais aller à cette soirée. .... j'ai très envie de m'y rendre, ... j'ai beaucoup de travail en retard.

2. Il a beaucoup changé. .... il était drôle et plein de vie l'année dernière, ... il est triste et sans énergie cette année.

3. Tu n'aimes plus ce romancier ? Non. .... je l'ai adoré quand j'étais adolescent, ... il m'ennuie maintenant.

4. Quelle décision prendre ? .... mon travail actuel m'intéresse, ... il est temps pour moi d'évoluer et de rechercher un poste avec plus de responsabilités.

5. Ils sont mal assortis : .... elle aime sortir, ... il aime rester à la maison.

6. J'hésite à prendre ce gâteau au chocolat : .... j'en raffole, ... je suis au régime.

Exercice 3

Ces affirmations grammaticales sont-elles vraies ou fausses ? Si votre réponse est négative, utilisez les termes d'opposition proposés :

◆ Exemples : – Les verbes *mentir* et *partir* se conjuguent comme le verbe *sentir* (contrairement à).

   ⇨ – **Oui.** C'est vrai.

   – Les verbes *mentir* et *tenir* se conjuguent comme le verbe *sentir* (contrairement à).

   ⇨ – **Non. Contrairement au** verbe *mentir*, le verbe *tenir* ne se conjugue pas comme le verbe *sentir*.

Testez votre grammaire

1. Les verbes *tenir* et *obtenir* se conjuguent comme *venir* (contrairement à).

   ⇨ – ....

2. Les verbes *apparaitre* et *naitre* se conjuguent comme le verbe *connaitre* (à l'opposé de).

   ⇨ – ....

3. Les verbes *ouvrir* et *offrir* se conjuguent comme le verbe *couvrir* (à l'inverse de).

   ⇨ – ....

4. Les verbes *arriver* et *venir* se conjuguent toujours avec l'auxiliaire *être* (contrairement à).

   ⇨ – ....

5. Les verbes *aller* et *monter* se conjuguent toujours avec l'auxiliaire *être* (à l'inverse de).

   ⇨ ....

6. Le pluriel des noms *clou* et *bijou* s'écrit avec un *-x* (contrairement à).

   ⇨ ....

7. Les conjonctions *pour que* et *de sorte que* sont toujours suivies du subjonctif (à l'opposé de).

   ⇨ ....

8. Les conjonctions *pour que* et *afin que* demandent le subjonctif (au contraire de).

   ⇨ ....

9. *Menteur* et *directeur* font leur féminin comme *vendeur* (à l'inverse de).

⇨ ....

10. *Âne* et *tigre* ont leur féminin en *-esse* (contrairement à).

⇨ ....

Exercice 4

*Complétez avec **au lieu de (d')** ou **contrairement à** :*

1. .... toi, ... prendre un dessert, je prendrai un café.

2. .... un livre, je vais lire une bande dessinée.

3. .... ce qu'on m'avait dit, la nouvelle n'est pas encore officielle.

4. .... ses prévisions, elle n'a pas pu obtenir de vacances cette année.

5. .... ses espoirs, il a obtenu une note passable .... la bonne note qu'il attendait.

6. .... un subjonctif, il faut mettre l'indicatif après les conjonctions d'opposition.

7. .... la concession, l'opposition ne s'exprime pas avec des subordonnées au subjonctif.

8. .... la légende, Charlemagne n'avait pas de barbe.

Exercice 5

*Opposition, concession, ou temps ? Remplacez les conjonctions **tandis que, alors que, pendant que** par des prépositions d'opposition **(à l'inverse de)**, de concession **(en dépit de)**, ou de temps **(pendant)** :*

◆ Exemple : Tandis que toi, tu t'amuses, moi je m'ennuie.

⇨ **À l'inverse de** toi qui t'amuses, moi je m'ennuie.

1. Alors qu'elle était malade, elle a tenu à venir travailler.

⇨ ....

2. Pendant que j'étais absent, j'ai été cambriolé.

⇨ ....

3. Tandis que j'aime la peinture figurative, tu aimes la peinture abstraite.

⇨ ....

4. C'est incroyable ! Pendant que je grelotte de froid, tu souffres de chaleur.

⇨ ....

5. Cet été, alors qu'il a fait beau en Belgique, il a beaucoup plu en Espagne.

⇨ ....

6. Tandis que je séjournais en Irlande, j'ai appris l'anglais.

⇨ ....

7. Alors que j'étais en vacances, j'ai fait la connaissance d'un acteur polonais.

⇨ ....

8. Alors qu'il fait froid, il sort en chemisette.

⇨ ....

La condition et l'hypothèse au subjonctif

Tu peux avoir ma voiture, **à condition que** tu me **promettes** d'être prudent.
À supposer que tu **aies** un accident, je ne me sentirais pas responsable.

La conjonction **si** exprime la condition et l'hypothèse. On peut aussi utiliser des conjonctions demandant le subjonctif.

I. Condition : à condition que, à moins que, pour peu que, pourvu que, sans que

• **À condition que** peut remplacer **si**.

> Je te prête ma voiture **à condition que** tu me la **rendes** demain (si tu me la rends demain).

• **À moins que** remplace **sauf si**, et est souvent suivi du **ne** explétif.

> Je peux la prendre maintenant, **à moins que** tu **n'**en **aies** besoin pour cet après-midi ?

• **Sans que** peut remplacer **si ne ... pas** (**sans que** peut aussi exprimer la conséquence et la concession).

> Je ne prendrai pas ta voiture **sans que** tu **sois** d'accord ⇨ (**si** tu **n'es pas** d'accord).

• **Pour peu que** a le sens de : **Il suffit que**.

> **Pour peu que** je lui en **fasse** la demande un jour à l'avance, il n'y a pas de problèmes pour qu'il me prête sa voiture.

• **Pourvu que** annonce une condition nécessaire.

> Tu peux prendre ma voiture **pourvu que** tu me **jures** d'être très prudent.

Remarques : – **Pourvu que** ... ! a la simple valeur de souhait.

> **Pourvu qu'**il n'**ait** pas d'accident !

– Avec **à condition que** et **à moins que**, lorsque le sujet de la principale est le même que celui de la subordonnée, l'infinitif peut remplacer le subjonctif : **à condition de, à moins de + infinitif**.

> Tu peux prendre ma voiture, **à condition d'**en **prendre** soin.
>
> **À moins de** me **payer** l'essence, tu n'auras pas ma voiture.

II. Hypothèse : à supposer que, supposé que, en supposant que, en admettant que

Ces conjonctions ont plus valeur d'hypothèse que de condition. La principale est en général au conditionnel et la subordonnée précède généralement la principale.

> **À supposer que** je te **demande** ta voiture, qu'est-ce que tu dirais ?
>
> **En admettant que** je **dise** oui, est-ce que tu promettrais d'être prudent ?

III. Que introduisant une subordonnée en tête de phrase peut exprimer la condition.

Les deux propositions sont souvent reliées par **et**.

> **Qu'**arrive un accident **et** j'aurais des problèmes avec l'assurance. ⇨ Si un accident arrivait, j'aurais des problèmes avec l'assurance.

La suppression de **que** est possible (forme littéraire)

> **Survienne** un accident **et** j'aurais des problèmes.

Plutôt que de répéter les conjonctions de condition ou d'hypothèse, on utilise **que (+ subjonctif).**

> **À condition que** tu **sois** prudent et **que** tu me promettes de me la rendre demain sans faute, je veux bien te prêter ma voiture.

• •

Exercice 1

*Transformez les conjonctions **si** et **sauf si** en **à condition que** et **à moins que** (sans oublier le **ne** explétif)* :

◆ Exemple : Je n'irai pas à cette fête sauf si tu viens avec moi.

> ⇨ Je n'irai pas à cette fête **à moins que** tu **ne viennes** avec moi.

1. Si tout le monde vient, nous serons une trentaine.

⇨ ....

2. Nous avons prévu de manger dehors, si le temps le permet.

⇨ ....

3. J'aimerais bien venir, sauf si vous ne voulez pas de moi.

⇨ ....

4. D'accord, je viens, mais seulement si vous m'assurez que ça ne vous dérange pas.

⇨ ....

5. J'arriverai vers vingt heures, sauf s'il y a un empêchement de dernière minute.

⇨ ....

6. Je pense venir avec une amie, si vous êtes d'accord, bien sûr.

⇨ ....

7. Si personne n'est contre, nous ferons des grillades.

⇨ ....

8. Nous risquons de manquer de pain, sauf si tu en prends en venant.

⇨ ....

Exercice 2

*Dans les phrases suivantes, transformez **à condition que** en **à moins que** (et vice-versa)* :

◆ Exemple : On prévoit une sortie en forêt pour demain, à condition qu'il ne pleuve pas.

> ⇨ On prévoit une sortie en forêt pour demain, **à moins qu'**il ne pleuve.

1. Je crois qu'il aimerait venir, à condition qu'on ne rentre pas trop tard.

⇨ ....

2. On pourra prendre sa voiture à moins qu'il ne l'ait prêtée à quelqu'un.

⇨ ....

3. Nathalie m'a assuré qu'elle viendrait à condition qu'elle ait fini son travail.

⇨ ....

4. On passera par la nationale à moins qu'elle ne soit fermée à cause des travaux.

⇨ ....

5. On pourra manger dans un village près de la forêt à condition qu'on trouve un restaurant ouvert.

⇨ ....

6. Sinon, on fera des courses en chemin, à moins que tout le monde ne soit pas d'accord pour manger des sandwichs.

⇨ ....

Exercice 3

*Complétez avec **pourvu que** ou **pour peu que** :*

1. .... il tombe trois gouttes de pluie, il refuse de sortir.

2. .... il ne pleuve pas !

3. Il a une très bonne mémoire. .... il lise un texte une fois, il est capable ensuite de le réciter par cœur.

4. Tu pourras rentrer dans ce pays .... tu aies un visa en règle et un billet d'avion retour.

5. Elle n'est pas ce que tu crois. .... que tu lui parles cinq minutes, tu t'apercevras qu'elle est très simple et très sympathique.

6. .... vous ayez tous les papiers nécessaires, vous obtiendrez la carte de séjour.

7. Mais .... il vous manque un papier, il vous faudra vous armer de patience.

Exercice 4

*Remplacez « si » par à **supposer que** :*

◆ Exemple : Si vous étiez millionnaire, ... ⇨ **À supposer que vous soyez** millionnaire, ...

1. Si j'étais très riche, ⇨ ....

2. Si je n'avais pas besoin de travailler, ⇨ ....

3. Si je pouvais réaliser tous mes désirs, ⇨ ....

4. Si j'avais éternellement vingt ans, ⇨ ....

5. Si le monde entier m'aimait, ⇨ ....

6. Si j'étais d'une beauté exceptionnelle, ⇨ ....
la vie me paraitrait monotone et fastidieuse.

Exercice 5

*Transformez **si** et **sauf si** par **à condition que** (deux sujets différents) ou **à condition de** (même sujet), **à moins que** (deux sujets différents) ou **à moins de** (même sujet) :*

◆ Exemple : Ne me dérangez pas sauf si vous avez un problème grave.

⇨ Ne me dérangez pas **à moins d'**avoir un problème grave.

1. Je te rembourserai demain si la banque me confirme que mon salaire m'a bien été versé.

   ⇨ ....

2. Je vais être interdit bancaire sauf si je peux combler mon déficit avant demain.

   ⇨ ....

3. Tu n'auras pas ma voiture sauf si tu me promets d'être extrêmement prudent.

   ⇨ ....

4. Elle aura le poste si elle passe l'entretien avec succès.

   ⇨ ....

5. Il n'a aucune chance de réussir, sauf si tu l'aides.

   ⇨ ....

6. Cette mission, si vous l'acceptez, comportera plusieurs risques.

   ⇨ ....

7. Tu peux m'emprunter ce livre si tu en prends soin.

   ⇨ ....

8. Sauf s'il a beaucoup de chance, il n'y arrivera pas.

   ⇨ ....

Exercice 6

Répondez aux questions en utilisant **que** *(en tête de phrase) suivi du subjonctif :*

◆ Exemple : – S'il se plaignait, tu aurais des problèmes ?

      ⇨ – Bien sûr. **Qu'il se plaigne et** j'aurais des problèmes.

1. – S'il te faisait une réflexion désobligeante, tu lui répondrais ?

   ⇨ – Bien sûr. ....

2. – Si la bourse baissait, tu perdrais beaucoup d'argent ?

   ⇨ – Hélas ! ....

3. – Si tu gagnais au loto, tu quitterais ton travail immédiatement ?

   ⇨ – Sans aucun problème. ....

4. – Si on te proposait ce poste, tu l'accepterais ?

   ⇨ – Certainement. ....

5. – Tu raterais ta correspondance si l'avion avait du retard ?

   ⇨ – C'est certain. ....

6. – La transaction ne pourrait pas se faire, si un seul dossier manquait ?

   ⇨ – Bien sûr. ....

7. – Si l'on supprimait cette émission, est-ce que cette chaine verrait son audience chuter ?

   ⇨ – Très probablement. ....

8. – Si tu partais, il n'y aurait personne pour te remplacer ?

   ⇨ – Non. ....

La condition et l'hypothèse au conditionnel

– **Au cas où** il y **aurait** des soldes, tu voudrais venir avec moi ?

– Tu m'**accompagnerais**, ça me rendrait service.

I. Locutions conjonctives suivies du conditionnel

• **Au cas où, dans le cas où, pour le cas où, dans l'hypothèse où** sont suivis du conditionnel. Ces locutions, généralement en tête de phrase, expriment l'hypothèse. Le conditionnel dans la principale renforce la valeur d'hypothèse.

> **Dans le cas où** il y aurait des soldes, je m'**achèterais** bien un nouvel ensemble.
>
> **Au cas où** tu ne l'aurais pas remarqué, je n'**ai** plus rien à me mettre.

Remarques :

– En français oral, **au cas où** et **dans le cas où** peuvent être suivis de l'indicatif.

> **Au cas où** on te **demande** où je suis, réponds que je suis partie faire les soldes.

– La reprise de ces locutions peut s'effectuer par **et où + conditionnel** ou **et que + subjonctif.**

> **Au cas où** Anne téléphonerait **et où** elle te **demanderait** où je suis, dis-lui que je fais les soldes.
>
> **Au cas où** Anne téléphonerait **et qu'**elle te **demande** où je suis, dis-lui que je fais les soldes.

• **Quand bien même** exprime la condition et la concession (même si).

> **Quand bien même** tu n'en **aurais** pas envie, tu pourrais m'accompagner pour me faire plaisir.

II. Le conditionnel sans conjonction

• En langue familière, l'hypothèse introduite par **si + imparfait ou plus-que-parfait** peut être exprimée par le **conditionnel** (présent ou passé). Les deux propositions peuvent être reliées par **que.**

> Vous le **feriez** dix pour cent moins cher (si vous le faisiez), je le prendrais.
>
> Je **serais arrivée** plus tôt (si j'étais arrivée plus tôt) **que** j'aurais certainement pu faire de bonnes affaires.

• Cette construction est possible en langue littéraire. Le conditionnel passé est alors remplacé par le conditionnel passé deuxième forme, avec inversion du pronom sujet.

> **Fussiez-vous arrivée** (vous seriez arrivée) plus tôt, vous auriez pu faire de bonnes affaires.

Exercice 1

*Reprenez les directives du directeur en utilisant **au cas où** suivi du conditionnel :*

◆ Exemple : – Si on me demande, dites que je suis en conférence.

⇨ – Bien monsieur. **Au cas où** on vous **demanderait,** je **dirais** que vous êtes en conférence.

1. Si la photocopieuse tombe en panne, téléphonez au réparateur.

⇨ – ....

2. Si ma femme téléphone, demandez-lui de me rappeler plus tard.

⇨ – ....

3. Si on m'appelle de l'étranger, transférez la communication à la salle de conférences.

⇨ – ....

4. Si vous avez un problème, n'hésitez pas à me contacter.

⇨ – ....

5. Si le client de ce matin se manifeste de nouveau, informez-le que sa livraison est déjà partie.

⇨ – ....

6. Si j'ai des visiteurs, faites-les patienter.

⇨ – ....

7. Si on m'apporte du courrier à signer, signez-le à ma place.

⇨ – ....

8. Si on livre le nouvel ordinateur, assurez-vous que c'est bien celui que nous avons commandé.

⇨ – ....

9. Si le fax que j'attends arrive, apportez-le moi à la salle de conférences.

⇨ – ....

10. Si vous partez avant que je ne revienne, laissez-moi une note sur les appels que j'ai reçus.

⇨ – ....

Exercice 2

*Transformez dans ce dialogue le français familier en français plus soutenu. Changez **au cas où** (+ indicatif) en **dans le cas où** (+ conditionnel) :*

◆ Exemple : Qu'est-ce que je fais au cas où il y a un appel pour toi ?

Qu'est-ce que je fais **dans le cas où** il y **aurait** un appel pour toi ?

1. – Qu'est-ce que je réponds au cas où on te demande ?

⇨ – ....

2. – Au cas où on m'appelle, dis que je suis au cinéma.

⇨ – ....

3. – Il y a à manger au cas où je rentre tard ?

⇨ – ....

4. – Au cas où tu as faim, il y a du jambon dans le frigidaire.

⇨ – ....

5. – Et au cas où tu veux manger chaud, sers-toi du micro-ondes.

⇨ – ....

6. – Qu'est-ce que je fais au cas où ça ne marche pas ?

⇨ – ....

7. – Au cas où tu ne sais pas le faire marcher, demande à la voisine de t'aider.

⇨ – ....

8. – Qu'est-ce que je fais au cas où elle n'est pas là ?

⇨ – ....

9. – Au cas où elle n'est pas là, lis la notice !

⇨ – ....

Exercice 3

Complétez avec **à supposer que, dans l'hypothèse où, et que** *ou* **et où** :

1. .... je prenne deux sacs, vous me feriez une réduction ?

2. .... cette veste ne soit pas à la taille de mon ami, vous me la reprendriez ?

3. .... ce manteau aurait besoin de retouches .... il faudrait doubler les boutons, vous vous en chargeriez ?

4. .... l'ami à qui je veux offrir ce manteau ne l'aime pas, pourrait-il l'échanger ?

5. .... vous prendriez deux manteaux .... vous me régliez en liquide, je pourrais vous consentir un rabais important.

6. .... je ne me décide pas tout de suite .... je revienne dans une heure, vous pourriez me garder ce manteau ?

Exercice 4

Vous refusez de prêter votre voiture. Reprenez les arguments de votre ami(e) en utilisant **quand bien même** *suivi du conditionnel :*

◆ Exemple : – Tu ne veux pas me prêter ta voiture. C'est parce que je ne conduis pas bien ?
⇨ – **Quand bien même** tu **conduirais** bien, je ne te prêterais pas ma voiture.

1. – C'est parce que je conduis trop vite ?

⇨ – ....

2. – C'est parce que j'ai eu un accident le mois dernier ?

⇨ – ....

3. – C'est parce que l'assurance ne me couvre pas ?

⇨ – ....

4. – C'est parce que je ne suis pas prudent au volant ?

⇨ – ....

5. – C'est parce que tu n'as pas confiance en moi ?

⇨ – ....

6. – C'est parce que tu en as besoin aujourd'hui ?

⇨ – ....

7. – C'est parce que je n'ai le permis de conduire que depuis trois mois ?

⇨ – ....

8. – C'est parce que ta voiture est en rodage ?

⇨ – ....

Exercice 5

*Défendez-vous en utilisant la conjonction **si** (+ imparfait ou plus-que-parfait). Attention, ne réutilisez pas les adverbes « jamais » et « même » :*

◆ Exemple : – Je ne t'aurais pas appelé, tu ne m'aurais jamais contacté.

⇨ – Ce n'est pas vrai. **Si** tu ne m'**avais** pas **appelé,** je t'aurais contacté.

1. – Je ne t'aurais pas téléphoné, tu n'aurais même pas cherché à me revoir.

⇨ – ....

2. – Je te demanderais de m'aider que tu refuserais.

⇨ – ....

3. – Je t'aurais prêté ce livre, tu ne me l'aurais jamais rendu.

⇨ – ....

4. – J'aurais accepté de te prêter ma voiture que tu me l'aurais rendue dans un état lamentable.

⇨ – ....

5. – Tu me rencontrerais avec tes nouveaux amis, tu ne me dirais même pas bonjour.

⇨ – ....

6. – Je serais à la rue que tu ne m'hébergerais pas.

⇨ – ....

7. – Je ne t'aurais pas aidé, tu n'aurais jamais réussi.

⇨ – ....

8. – J'aurais besoin de ta signature pour la caution de mon studio que tu me la refuserais.

⇨ – ....

Exercice 6

*Vous vous trouvez dans la haute société. Exprimez des regrets en utilisant **si** + plus-que-parfait :*

◆ Exemple : – Mon cher, fussiez-vous arrivé plus tôt, vous auriez rencontré cet acteur célèbre.

⇨ – Ah, **si** j'**étais arrivé** plus tôt !

1. – Eussiez-vous misé sur ce cheval, vous auriez gagné une fortune !

⇨ – ....

2. – Fussiez-vous venu hier, vous auriez pu faire la connaissance d'un académicien.

⇨ – ....

3. – En eussiez-vous exprimé le désir, nous nous serions fait un plaisir de vous envoyer un carton d'invitation.

⇨ – ....

4. – Nous eussiez-vous prévenus plus tôt de votre visite, nous aurions invité d'autres jeunes gens de votre âge.

⇨ – ....

5. – Eussiez-vous appris à l'école le conditionnel passé deuxième forme, vous sauriez l'employer.

⇨ – ....

Nuancer une affirmation

Tu as **sans doute** raison, mais on **pourrait** voir les choses autrement.

L'affirmation peut être nuancée par des adverbes, par le conditionnel et le subjonctif ou par des auxiliaires comme **pouvoir** et **devoir**.

I. Adverbes : sans doute, certainement, probablement, vraisemblablement, peut-être

• Si **sans nul doute** et **sans aucun doute** expriment la certitude, **sans doute** et **certainement** expriment un petit doute (ces deux adverbes sont souvent suivis de **mais**).

> Tu as **sans doute** de bonnes raisons pour réagir comme cela, **mais** je ne t'approuve pas.

• **Probablement** et **vraisemblablement** expriment une forte possibilité.

> Tu ne connais **probablement** pas toutes les données du problème.

• **Peut-être** peut exprimer la simple possibilité mais aussi la concession. Dans ce cas, cet adverbe est suivi de **mais** ou d'un autre terme de concession.

> Tu as **peut-être** raison (possibilité).
> Je ne suis **peut-être** pas spécialiste de la question, **mais** je sais que tu as tort (concession).

Remarque : **Nul doute que** est généralement suivi du **subjonctif** et **peut-être que** de l'**indicatif**.

> **Nul doute que** ce soit vrai. **Peut-être que** tu **as** raison, finalement.

II. Modes conditionnel et subjonctif

• Le conditionnel permet d'atténuer l'affirmation.

> Il ne **serait** pas réaliste que tu continues dans cette voie.

• Dans certaines constructions avec un pronom impersonnel, le conditionnel dans la principale renforce le doute : **il serait possible, il se pourrait, il paraitrait**...

> Il **se pourrait** que tu aies raison.

• Certaines constructions avec **que** (être probable, être vraisemblable) permettent le subjonctif ou l'indicatif. Le subjonctif renforce l'éventualité.

> Il **est** fort **probable** que tu **as** raison.
> Il **est** peu **probable** que tu **aies** tort.

Remarque : Le verbe **sembler** demande le subjonctif lorsqu'il n'est pas accompagné d'un COI.

> Il **me semble** que tu **as** tort. Il **semble** que tu **aies** tort.

III. Pouvoir et devoir

Les verbes **pouvoir** et **devoir** (à l'indicatif, mais le plus souvent au conditionnel), suivis de l'infinitif, permettent de nuancer l'affirmation.

• **Pouvoir** exprime une possibilité, une hypothèse.

> L'avenir **pourrait** te donner tort.

• **Devoir** exprime une forte probabilité.

> Tu **dois** avoir raison.
>
> L'avenir **devrai**t te donner raison.

Exercice 1

Classez les phrases suivantes du plus certain au moins certain :

1. Tu as certainement raison.

4. Tu as raison, sans aucun doute.

2. Tu as vraisemblablement raison.

5. Tu as très probablement raison.

3. Tu as peut-être raison.

6. Tu n'as certainement pas raison.

Classement : ....

Exercice 2

Indicatif ou subjonctif ? Choisissez la bonne réponse :

	c'est vrai	ce soit vrai
1. Il est possible que		
2. Il est très probable que		
3. Il est peu vraisemblable que		
4. Peut-être que		
5. Il me semble que		
6. Il se pourrait que		
7. Il semble que		
8. Nul doute que		
9. Il n'est pas probable que		
10. Il est fort vraisemblable que		

Exercice 3

*Possibilité ou concession ? Transformez **peut-être** en **il est possible que** (possibilité) ou en **quoique** (concession). Dans le cas d'une concession, l'adverbe **mais** disparaît :*

◆ Exemple : Je ne suis peut-être pas parisien, mais je connais Paris comme ma poche.

> ⇨ **Quoique** je ne sois pas parisien, je connais Paris comme ma poche (**concession**).

1. Il viendra peut-être, mais n'y compte pas trop.

⇨ ....

2. Je n'ai peut-être pas fait d'études, mais je n'aurais jamais fait cette erreur.

   ⇨ ....

3. Tu es peut-être français, mais tu viens de faire une erreur de grammaire.

   ⇨ ....

4. Je serai peut-être absent le mois prochain, mais ça ne changera rien à l'organisation du travail.

   ⇨ ....

5. Il y aura peut-être des changements, mais rien ne permet de l'affirmer.

   ⇨ ....

6. Tu es peut-être depuis plus longtemps que moi dans cette firme, mais tu n'en connais pas plus que moi.

   ⇨ ....

Exercice 4

Complétez avec le subjonctif ou le conditionnel :

Les élections régionales qui auront lieu dans un mois (devoir) .... être d'un enjeu capital pour la majorité présidentielle. En effet, qu'un des nombreux partis qui forment la majorité (quitter) .... la coalition et l'équilibre politique (être) .... rompu. Nul doute que l'opposition (profiter) .... alors de l'occasion et (réclamer) .... un changement de cap de la politique gouvernementale. Ce qui (entrainer) .... un remaniement ministériel qui ne (être) .... pas sans conséquences sur le paysage politique. Certains élus de l'opposition (pouvoir) .... même exiger la dissolution du parlement.

Exercice 5

*Conseillez un ami. Utilisez le verbe **devoir** au conditionnel (attention aux adverbes) :*

◆ Exemple : – Je fume trop. ⇨ –Tu **devrais** moins fumer.

1. – Je travaille trop.   ⇨ – ....

2. – Je ne fais pas assez de sport.   ⇨ – ....

3. – Je ne prends pas assez de repos.   ⇨ – ....

4. – Je me surmène trop.   ⇨ – ....

5. – Je me fais trop de soucis.   ⇨ – ....

6. – Je ne prends jamais le temps de me détendre. ⇨ – ....

Exercice 6

Pouvoir *ou* ***devoir***. *Complétez en utilisant selon le contexte les verbes « pouvoir » (simple possibilité) ou « devoir » (affirmation atténuée). Attention aux temps et aux modes :*

◆ Exemple : Ne vous fâchez pas ! Ce n'est pas du tout ce que j'ai dit. Vous **avez dû** mal comprendre.

1. S'il vous plait, il y a une erreur. La note ne correspond pas à ce que nous avons commandé. Vous .... vous tromper dans votre addition.

2. Ne vous en faites pas ! Ce n'est pas grave. Tout le monde .... se tromper.

3. C'est difficile de lui donner un âge. Il .... avoir vingt-cinq ans comme il .... en avoir trente-cinq.

4. Attends, j'étais avec lui à l'école. Nous étions dans la même classe. Il .... avoir vingt-neuf, trente ans.

5. Il a perdu son procès et ça lui a couté un maximum. Tu sais comme il est avare. Il .... en faire une maladie.

6. Je n'ai jamais dit cela. Vous .... faire erreur.

7. Je ne sais pas si c'est bien prudent de sortir sans papiers d'identité. On .... te les demander.

8. J'ai laissé le thé infuser pendant quelques minutes. Ça .... être prêt maintenant.

9. Je vais essayer. Je ne suis pas sûr du résultat, mais ça .... marcher.

● ● ● ● ● ● ● ● ● ● ● ● ●

Imprimé en france par I.M.E. 25110 Baume-les-Dames
Dépôt légal : Février 2000
N° Éditeur : 4588 - N° Imprimeur : 14037